O ESTADO EFICAZ

Copyright © 2021 por
Gabriel de Arruda

Todos os direitos desta publicação reservados à Maquinaria Sankto Editora e Distribuidora LTDA.
Este livro segue o Novo Acordo Ortográfico de 1990.

É vedada a reprodução total ou parcial desta obra sem a prévia autorização, salvo como referência de pesquisa ou citação acompanhada da respectiva indicação. A violação dos direitos autorais é crime estabelecido na Lei n.9.610/98 e punido pelo artigo 194 do Código Penal.

Este texto é de responsabilidade do autor e não reflete necessariamente a opinião da Maquinaria Sankto Editora e Distribuidora LTDA.

Diretor Executivo
Guther Faggion

Diretor de Operações
Jardel Nascimento

Diretor Financeiro
Nilson Roberto da Silva

Editora Executiva
Renata Sturm

Editora
Gabriela Castro

Direção de Arte
Rafael Bersi, Matheus Costa

Assistente
Ana Maria Menezes, Vanessa Nagayoshi

Revisão
Maurício Katayama, Francine Torres

DADOS INTERNACIONAIS DE CATALOGAÇÃO NA PUBLICAÇÃO (CIP)
ANGÉLICA ILACQUA – CRB-8/7057

Arruda, Gabriel de
    O Estado eficaz : respostas do liberalismo para a desigualdade e a miséria / Gabriel de Arruda. -- São Paulo : Maquinaria Sankto Editora e Distribuidora LTDA, 2021.
    160p.

    ISBN 978-65-88370-24-7

    1. Liberalismo 2. Ciência política I. Título
21-3340   CDD 320.51

    Índice para catálogo sistemático:
    1. Liberalismo

R. Ibituruna, 1095 – Parque Imperial, São Paulo – SP – CEP: 04302-052
www.mqnr.com.br

GABRIEL DE ARRUDA

O ESTADO EFICAZ

RESPOSTAS DO LIBERALISMO PARA A DESIGUALDADE E A MISÉRIA

maquinaria
EDITORIAL

Para Bruna, Isabel, Amália, Beatriz, Lúcia e Débora.
Audaces fortuna juvat.

SUMÁRIO

8
APRESENTAÇÃO

11
INTRODUÇÃO:
VIVAM AS BOAS INTENÇÕES

15
UM ASSALTO
EM PARAISÓPOLIS

25
POR QUE A
DESIGUALDADE IMPORTA?

31
O REGIME EM QUE NADA
É DE NINGUÉM

45
O REGIME EM QUE TODOS
RECEBEM O MESMO SALÁRIO

57
O REGIME EM QUE NADA
ESTÁ ACIMA DO INDIVÍDUO

65
O REGIME EM QUE O ESTADO
É QUASE INVISÍVEL

73
O REGIME EM QUE O ESTADO
AJUDA A TODOS

95
A SOLUÇÃO:
O ESTADO EFICAZ

105
DEZ PRINCÍPIOS
DO ESTADO EFICAZ

113
O ESTADO EFICAZ
NA PRÁTICA

137
COMO FAZER A SUA PARTE

143
EPÍLOGO: APESAR DE TUDO,
O MUNDO ESTÁ FICANDO
MELHOR

APRESENTAÇÃO

Quem você acha mais apto a governar um país? Jair Bolsonaro, Luiz Inácio Lula da Silva ou Ciro Gomes? Que tal uma figura histórica, como Winston Churchill, John Kennedy ou Ronald Reagan? Melhor ainda, vamos recorrer a Platão e colocar um rei-filósofo no comando de tudo? E se eu disser que a pessoa mais indicada a criar um Estado realmente eficaz é você? Sim, você mesmo, que está com este livro em mãos.

Bem, não é só você. É a sua família, o seu vizinho, a professora dos seus filhos, a proprietária do mercadinho da esquina, até o vereador do qual você já esqueceu o nome. Juntos, vocês formam a camada da população que faz doações, ajuda os amigos e os desconhecidos, se organiza em multirões, empreende e consome. Mas como podem criar esse Estado eficaz?

Neste livro, Gabriel de Arruda faz uma análise detalhada sobre vários sistemas de organização da sociedade, econômica e politicamente: do comunismo ao minarquismo, passando pelo anarcocapitalismo e pelo socialismo. Todos eles possuem defensores e críticos apaixonados, mas, na tentativa de estruturar a vida em sociedade de cima para baixo, como é o caso do comunismo e do socialismo, ou deixando os mais vulneráveis à própria sorte, como o minarquismo e o anarcocapitalismo, acabam incidindo no mesmo erro: o de desprezar o indivíduo.

Por isso, Arruda propõe algo que deveria ser evidente, mas infelizmente não é: uma sociedade organizada de baixo para cima, na qual as instâncias superiores são acionadas apenas quando a comunidade não consegue resolver o problema. Uma sociedade na qual ninguém fique para trás e, ao mesmo tempo, não tenha a liberdade tolhida pelo Leviatã Estatal.

JONES ROSSI
Jornalista, editor na *Gazeta do Povo*
e coautor de *Guia politicamente
incorreto do futebol*

INTRODUÇÃO:
VIVAM AS BOAS INTENÇÕES

Este é um livro para pessoas bem-intencionadas. É um livro sobre economia, mas não para quem deseja encontrar justificativas intelectuais para os próprios vícios – sejam eles no campo da cobiça e da avareza, sejam eles no campo da ambição pessoal e da busca pelo poder. Não é um livro para quem pretende esconder seus preconceitos por trás de teorias econômicas.

Nesta obra, vamos tratar de um problema real e de suas possíveis soluções. O problema: o fato de que milhões de pessoas vivem em condições materiais indignas, degradantes e inaceitáveis. Muitas delas no Brasil.

Um em cada quatro brasileiros está abaixo da linha de pobreza. Mas os números são incapazes de descrever o cenário de forma precisa. Basta um passeio por qualquer uma das grandes cidades brasileiras, ou pelo sertão nordestino, ou pelo oeste do Paraná, ou pelos vilarejos do Tocantins, para encontrar a miséria, a insegurança alimentar, a falta de moradia e todas as consequências negativas que surgem dessas mazelas.

A pobreza incomoda. E incomoda porque sabemos que há algo de errado nela: o fato de crianças sofrerem com a desnutrição, por exemplo, provoca em nós um senso de indignação moral. É como se uma espécie de lei natural, independentemente de leis aprovadas pelo Congresso e sancionadas pelo presidente da República, nos compelisse a nos preocupar com os mais pobres e a agir em favor deles. E, embora tenha existido em todas as nações, em todos os períodos da história, a pobreza hoje parece ainda mais inaceitável, porque a causa dela já não é a escassez de recursos. Pessoas não passam fome porque falta comida no mundo: o planeta produz muito mais alimentos do que seria necessário para suprir as necessidades de seus 7,8 bilhões de habitantes. Da mesma forma, ninguém mora debaixo da ponte porque não existem terrenos disponíveis ou porque o material necessário para a construção de casas tenha se esgotado. A simples constatação desses fatos nos compele a fazer algo.

Até este ponto, todos os leitores bem-intencionados concordarão. O que nos resta, a partir daqui, é uma tarefa complexa: avaliar cuidadosamente as possíveis soluções para eliminar (ou, mais realisticamente, amenizar da forma mais eficiente possível) a pobreza. Para isso, é preciso olhar com sinceridade e honestidade intelectual para a teoria e para a prática das descobertas de acadêmicos, mas também dos bons e maus exemplos deixados por governantes que, partindo de uma constatação verdadeira – a de que existe pobreza no mundo e de que temos o dever moral de combatê-la –, trilharam caminhos distintos na tentativa de atacar o problema. E o primeiro requisito de uma investigação do tipo é que nós deixemos de lado, temporariamente, os rótulos ideológicos e as ideias preconcebidas para dar lugar a uma investigação honesta.

Nesta jornada, também será preciso compreender melhor a natureza humana. Somos antes de tudo parte de um coletivo, sem o qual nossa identidade perde qualquer sentido? Ou somos seres predominantemente individualistas, que buscam o próprio interesse o tempo todo?

Não é aceitável que, diante de um problema que atinge milhões de pessoas, a resposta seja apenas recomendar que elas se esforcem mais para subirem na vida. Mas, ao mesmo tempo, a mera aparência de compaixão não basta. A compaixão genuína exige que nosso senso de indignação seja canalizado na busca da melhor solução possível para os mais pobres. O pior cenário possível é aquele em que, na tentativa de amenizar o sofrimento deles, acabamos tornando o fardo ainda mais pesado. ∎

UM ASSALTO EM PARAISÓPOLIS

Experimente pesquisar por "Desigualdade no Brasil" no Google Imagens. Por favor, eu espero.

Pronto?

As primeiras fotografias que aparecem provavelmente são do edifício Penthouse, no bairro do Morumbi, em São Paulo. É provável que você tenha visto essa imagem em seu livro de geografia lá pelo sexto ano: de um lado, um edifício luxuoso, em que cada apartamento tem uma piscina própria na varanda. Do outro lado, um aglomerado de casas pequenas distribuídas em ruas estreitas. É a favela de Paraisópolis.

Passei em frente ao edifício Penthouse uma vez. Foi em 2009. Eu caminhava com uma colega, jornalista portuguesa, pela calçada da avenida Giovanni Gronchi. Éramos *trainees* do jornal *O Estado de S. Paulo*. Ela faria uma reportagem sobre uma ONG sediada em Paraisópolis. Por conhecer pouco a região, ela me pediu que a acompanhasse.

No mesmo quarteirão do edifício Penthouse, quando nos aproximávamos de uma rua de acesso a Paraisópolis, o imprevisto: um rapaz veio por trás, correndo, e tentou levar a bolsa da minha colega. Ela, talvez por ser portuguesa e não ter sido instruída a não resistir a criminosos, não cedeu e segurou a bolsa com as duas mãos. O ladrão insistiu, mas, nessa fração de segundo, consegui segurar o sujeito, que parecia ter cerca de vinte anos. Enquanto tentava imobilizá-lo, já no chão, vi se aproximar um adolescente, vindo da favela. Ele me agrediu com um chute. Temoroso de que outros aliados do assaltante aparecessem – e de que um deles estivesse armado –, eu deixei o ladrão ir. A bolsa estava a salvo, mas só então eu percebi que, ao levar um puxão do bandido, minha colega havia caído e batera a parte de trás da cabeça no chão. O sangue jorrava. Uma viatura da polícia militar que passava pelo local nos conduziu ao hospital, onde ela levou sete pontos na cabeça. O assaltante desapareceu na favela.

O que levou aquele jovem, aparentemente saudável, a se tornar um assaltante?

Uma das explicações simplistas aponta o dedo para a desigualdade social. De acordo com esse discurso, o rapaz de Paraisópolis rouba porque o Brasil é desigual, como a fotografia dos livros de geografia já nos alertava. Aquele jovem certamente não teve oportunidades na vida. Talvez ele tenha crescido irritado com a vista do prédio luxuoso ao lado da favela. E, como se alguma força cósmica quisesse demonstrar quem são os culpados pela situação, ele inadvertidamente tentou roubar os pertences de uma portuguesa.

Essa é uma interpretação equivocada da história.

Por outro lado, também é simplista explicar o assalto como o mero resultado de escolhas individuais feitas por aquele jovem.

Ele não nasceu e foi criado no vácuo: o fato de morar em uma favela, sem acesso a uma educação de qualidade e talvez sem uma família estruturada, importa. Esses fatores sociais não são suficientes para absolver um assaltante no banco dos réus, mas ajudam a explicar onde surge o problema – e como é possível enfrentá-lo. Não se pode fechar os olhos para o fato de que alguém que nasce em Paraisópolis tem menos oportunidades. Os seres humanos são livres, mas alguns deles têm menos caminhos possíveis na vida. A história daquele assalto frustrado teve início décadas antes. O Estado falhou, a comunidade local falhou e, provavelmente, a família falhou.

O indivíduo não é um mero fruto do meio social. Mas também não é alguém isolado, alheio às influências das pessoas à sua volta. A tragédia dos milhões de pobres no Brasil não cabe em explicações simplistas que levam a soluções simplistas – e erradas.

A favela de Paraisópolis começou a surgir nos anos 1960, justamente quando o bairro do Morumbi ganhava corpo com a construção de mansões, prédios, o estádio do São Paulo Futebol Clube e o Hospital Albert Einstein. O desenvolvimento de um bairro de alto padrão aumentou a demanda por operários e, logo depois, empregadas domésticas, vigias, motoristas, jardineiros. Alguns dos migrantes nordestinos que se mudaram para São Paulo enxergaram essa oportunidade. Rapidamente, a notícia se espalhou, e Paraisópolis virou um polo de atração. Essas pessoas acreditavam que seria uma boa ideia ocupar o terreno de geografia acidentada e sem infraestrutura, mas que ficava convenientemente próximo do trabalho. A favela nasceu sobre áreas particulares, em um espaço originalmente planejado para virar um loteamento para a classe média, que nunca saiu do papel. Como em outras partes do país, a burocracia estatal impediu um uso mais ordenado do solo. Favelas como Paraisópolis proliferaram nesse vácuo.

Um dos primeiros moradores de Paraisópolis foi Lourival Clemente da Silva, que veio de Alagoas em 1968. Além de construir a própria casa, ele depois ergueria outra para a sogra e uma terceira para os pais. Como Lourival, praticamente todos os pioneiros de Paraisópolis vieram do sertão nordestino. Como ele, muitos trouxeram parentes dos estados do Nordeste. E esse é um elemento essencial para entender a fotografia do edifício Penthouse. A imagem chocante da favela ao lado do edifício luxuoso é fruto desta contradição: a favela existe porque o bairro rico existe. Se o bairro rico não existisse, a vida do favelado talvez fosse ainda pior. Ao mesmo tempo, não é adequado dizer que os moradores de Paraisópolis devam se contentar com o que têm.

Um dos muitos nordestinos a fazer a migração para o estado de São Paulo em meados do século XX se transformou em presidente da República. A casa onde Luiz Inácio Lula da Silva nasceu fica no atual município de Caetés, em Pernambuco. É uma típica cidade do semiárido. E, comparada a ela, Paraisópolis se sobressai.

A comunidade paulistana tem um Índice de Desenvolvimento Humano (IDH) de 0,639, contra 0,522 de Caetés. Isso significa que a qualidade de vida em Paraisópolis é consideravelmente maior. Se fosse um município de Pernambuco, aliás, Paraisópolis ficaria em 30º lugar entre as 185 cidades do estado nesse quesito. Mais: no ano da tentativa de assalto na avenida Giovanni Gronchi, a renda média por habitante em Paraisópolis era de

614 reais mensais.[1] A do morador de Caetés, de 176 reais.[2] Na verdade, a renda média de Paraisópolis está acima da maior parte dos municípios brasileiros, inclusive de centenas de cidades em estados ricos como São Paulo, Santa Catarina e Paraná.[3]

A infraestrutura também é superior na favela de São Paulo: em Paraisópolis, 88% das casas têm abastecimento de água e 98% têm energia elétrica[4] – muito acima de Caetés e praticamente nos mesmos índices da média nacional.

Para além dos números, é fácil constatar que Paraisópolis, com todos os seus problemas, é uma comunidade muito mais rica do que as terras natais de seus fundadores. Graças ao Google Street View, qualquer um pode fazer um passeio virtual pelas ruas da favela. A primeira surpresa para os desavisados talvez seja a vitalidade da economia local. Quem anda pelas ruas de Paraisópolis vai encontrar um comércio diversificado. O bairro tem lojas de autopeças, assistência técnica de computador, escritório odontológico. Tem artigos para festas. Uma loja que vende e conserta videogames. A Amanda Produtos Naturais e Suplementos. A Adega Imperial, que anuncia ter bebidas como Jack Daniels, White Horse e Red Label. Creche particular. Óticas Carol. A Barret's Moda Íntima e Sex Shop. Uma *pizzaria*

---

1. *Folha de S.Paulo*, 3 fev. 2009, p. C1.

2. Renda *per capita* de todas as cidades. *Terra*, [s.d.]. Disponível em: https://economia.terra.com.br/infograficos/renda/. Acesso em: 10 maio 2021.

3. Lista de municípios do Brasil por renda *per capita*. *Wikipedia*, [s.d.]. Disponível em: https://pt.wikipedia.org/wiki/Lista_de_munic%C3%ADpios_do_Brasil_por_renda_per_capita. Acesso em: 10 maio 2021.

4. Juliana Varga de Cartilho, *A favelização do espaço urbano em São Paulo. Estudo de caso: Heliópolis e Paraisópolis*. Dissertação (Mestrado), FAUUSP, São Paulo, 2013. Disponível em: https://www.teses.usp.br/teses/disponiveis/16/16137/tde-06082013-095903/publico/MESTRADO_JULIANA_CASTILHO.pdf. Acesso em: 10 maio 2021.

e *paninaria*. Corretora de imóveis. Autoescola. Banco Santander. Casas Bahia. Um lava-rápido que cobra 30 reais para lavar um carro pequeno e 40 para lavar um carro grande. A Soberana Makeup. Cultura Inglesa. O *sushi-bar* Temaki de Ouro. Banco do Brasil. A Pet Dog Banho e Tosa (leva e traz o seu cachorro). A Açaí Island.

Como a lista acima evidencia, os moradores de Paraisópolis sabem bem que a forma de progredir na vida é por meio do trabalho e do empreendedorismo. E, embora possam necessitar temporariamente da assistência social, o que eles mais precisam é de um sistema legal eficiente, que lhes garanta o direito à propriedade que eles conquistaram pelo próprio trabalho.

Paraisópolis não é, nem de longe, o bairro dos sonhos. Em muitos aspectos, a condição em que aquelas pessoas vivem está longe da ideal. Mas, para aquelas famílias, se mudar para lá foi um passo importante em uma jornada contínua: a jornada humana pela melhoria da sua condição. Os moradores que vieram do Nordeste não vieram em busca de assistência do governo, mas de oportunidades de emprego. O caminho para que eles continuem progredindo é fornecer os meios para que eles possam trabalhar livremente.

E eles vão progredir. É possível afirmar isso olhando para o outro lado da foto dos livros de geografia: muitos moradores do Morumbi são netos e bisnetos de imigrantes pobres, vindos de países como Itália e Líbano. Em muitos casos, os pais e avós deles moravam em cortiços, em condições piores do que os atuais moradores de Paraisópolis – e sem dominar completamente o idioma local. Adoniran Barbosa, que escreveu a música "Saudosa Maloca", era ele próprio um filho de italianos que chegaram ao Brasil para trabalhar na lavoura após a abolição da escravatura (o nome verdadeiro dele era João Rubinato). Embora seja parcialmente fictícia, a história da música descreve as condições precárias de moradia de uma cidade que crescia mais rapidamente do que podia suportar. A maloca em questão era uma ocupação irregular em um casarão vazio no centro de São Paulo. Até que, segundo a poesia de Adoniran, "Veio os homis c'oas ferramenta/ Que o dono mandô derrubá".

Os moradores de Paraisópolis têm exatamente o mesmo potencial dos imigrantes que chegaram a São Paulo no século XX. Aliás, eles já percorreram uma longa jornada em quarenta ou cinquenta anos. A vida deles hoje é muito melhor do que era então.

É preciso reconhecer, por outro lado, que a foto célebre do prédio luxuoso ao lado de Paraisópolis incomoda. E incomoda porque ela fere nosso senso básico de justiça. Aqueles que exibem a fotografia do edifício Penthouse à exaustão apostam em um instinto básico do ser humano: nós somos muito bons em identificar diferenças. Esse parece ser um traço instintivo. Até mesmo macacos-prego se revoltam quando notam uma injustiça na distribuição de frutas.[5] Mas a solução não é simples. Não basta retirar a renda dos moradores do Penthouse e distribuí-la entre os moradores de Paraisópolis.

A riqueza não é um jogo de soma zero. Se os ricos do prédio com piscina na varanda desaparecessem, a vida dos moradores de Paraisópolis não melhoraria. Outra premissa equivocada é a de que os moradores de Paraisópolis precisam ser resgatados,

---

5. Macaco-prego se revolta ao ganhar recompensa diferente após fazer a mesma tarefa do grupo. *UOL*, 23 nov. 2012. Disponível em: https://www.uol.com.br/tilt/ultimas-noticias/redacao/2012/11/23/animais-se-sentem-injusticados-com-pagamento-diferente-do-mesmo-trabalho-veja-o-video.htm. Acesso em: 11 maio 2021.

porque, se deixados por si próprios, não serão capazes de progredir na vida. Esse argumento não só revela um profundo preconceito como também ignora a realidade da favela. Além do comércio movimentado e da vida comunitária ativa, um olhar mais detalhado sobre uma dessas fotografias dos livros de geografia vai mostrar que muitos moradores de Paraisópolis têm carro (na verdade, é difícil achar um lugar para estacionar o carro em muitas partes da favela). Praticamente todas as casas são de alvenaria, grande parte delas com mais de um andar. Os moradores da favela não são pessoas ignorantes, à beira da morte, aguardando que um rico esclarecido lhes estenda a mão. São cidadãos altivos, capazes de tomar decisões sozinhos – e que demonstraram isso ao melhorarem sua condição de vida por esforço próprio.

A liberdade é uma característica inerente ao ser humano. Uma pedra vai cair de forma previsível sempre que você arremessá-la para o alto. Uma planta vai sempre crescer se receber nutrientes de forma adequada. Um animal irracional não consegue transcender os instintos da espécie. Mas o ser humano é o único que consegue fazer escolhas morais. Isso vale para todos, inclusive para o rapaz de Paraisópolis. Seres humanos, ricos e pobres, não são elementos passivos nas mãos da História. Eles têm a capacidade de escolher o que é melhor para si mesmos, e fazem isso diariamente, quando não são atrapalhados por teorias abstratas de quem pouco sabe sobre a realidade – militantes, políticos e burocratas. A forma mais eficaz de destruir a dignidade de uma pessoa é anulando sua liberdade. E a forma mais eficaz de anular a liberdade de alguém é tratá-la o tempo todo como alguém incapaz de agir livremente.

Todo indivíduo deseja prosperar. E a única forma de prosperar é em parceria com outros indivíduos. As pessoas fazem isso por meio de trocas voluntárias (de dinheiro, bens ou serviços). Alguém que quer construir um prédio precisa de dezenas, talvez centenas de trabalhadores, e esses trabalhadores, assim como o patrão, não trabalham por benevolência: trabalham para obterem recursos. Mas, no caso do prédio, essa cooperação é vantajosa para todos – para quem contrata, para quem é contratado e, mais adiante, para quem vai comprar um apartamento.

Um Estado eficaz deve estar pronto para, sempre que preciso, agir em situações emergenciais que exijam uma resposta rápida. Também é preciso ter uma atenção especial com os brasileiros na extrema pobreza. Temos o dever moral de criar as condições para que a miséria seja erradicada de vez. O problema é que algumas das fórmulas apresentadas ao longo da história acabam tornando o problema pior. Este livro propõe um olhar honesto sobre os possíveis caminhos para a redução da pobreza e da desigualdade. ∎

POR QUE A DESIGUALDADE IMPORTA?

No momento em que você lê estas palavras, 700 milhões de pessoas no mundo não sabem se terão comida suficiente para os próximos dias. É a chamada condição severa de insegurança alimentar (também classificada como pobreza extrema). Embora essas pessoas não necessariamente passem fome diariamente, elas vivem sobre uma corda bamba e não têm qualquer garantia de que poderão se alimentar no futuro próximo. No Brasil, esse mal atinge cerca de 10 milhões de pessoas.

Se alterarmos o critério para enxergarmos aqueles que vivem em condição de pobreza, os números são ainda mais impressionantes: pelo menos 800 milhões de pessoas não têm acesso à energia elétrica. Mais de 2 bilhões de pessoas não têm acesso regular a uma fonte de água potável.

Trezentas mil crianças morrem por ano de diarreia, grande parte delas devido à falta de condições sanitárias.[6] É evidente que algo precisa ser feito.

Mas, além da pobreza, existe o problema da desigualdade. Como pura abstração, a desigualdade econômica por si só não é um problema. Imagine, por exemplo, um país A, em que todas as pessoas têm uma renda de 500 reais *per capita* por mês. Agora imagine o país B, em que 5% das pessoas têm uma renda *per capita* de 50 mil reais por mês, e 95% recebem 1.000 reais por mês. No país B, a renda da pessoa mais pobre é o dobro da dos indivíduos no país A. Apesar da desigualdade, não há dúvidas de que as pessoas são mais prósperas na segunda opção que na primeira. "O vício inerente do capitalismo é a distribuição desigual de bonanças. O vício inerente do socialismo é a divisão igualitária das misérias", resumiu Winston Churchill.

Embora esse raciocínio faça sentido do ponto de vista econômico, existem três problemas aos quais, muitas vezes, os defensores do capitalismo não dão a atenção devida.

O primeiro: independentemente do nível de renda da população, a desigualdade fere o nosso senso de justiça. No caso da primeira cidade fictícia, a igualdade na pobreza talvez não nos choque tanto porque pressupomos que aquela era a melhor situação possível naquele contexto. Na segunda, o que incita a nossa indignação é o fato de que há recursos suficientes para que todas as pessoas tenham uma vida digna, e, ainda assim, a distribuição da riqueza é desproporcional e, em um primeiro olhar, injusta.

---

6. 11 facts about global poverty. *Dosomething.org*, [s.d.]. Disponível em: https://www.dosomething.org/us/facts/11-facts-about-global-poverty. Acesso em: 11 maio 2021.

Um senso básico de apreço pela justiça foi encontrado por pesquisadores mesmo entre macacos.[7] Em experimentos, os primatas protestam quando notam que a divisão de recompensas para uma certa tarefa é desigual. Nos seres humanos, a busca pela justiça existe desde a infância – e quem é pai de mais de uma criança não terá dificuldades em compreender isso. Ser injusto na divisão de brinquedos ou de um bolo de aniversário é assistir a uma criança de cinco anos se transformar na reencarnação do brilhante jurista romano Cícero, com apelos enfáticos em favor da equidade. E não só as crianças: em um divórcio, qualquer divisão injusta dos bens fere nosso senso moral mais básico – mesmo que o casal em questão seja formado por duas pessoas ricas. A propósito, quantas bandas milionárias, quantas empresas prósperas não se dividiram por causa de desentendimentos sobre o rateio de dinheiro entre pessoas no topo da pirâmide econômica?

O segundo problema deriva do primeiro. Por causa desse senso inato de justiça, é pouco provável que as pessoas mais pobres aceitem uma condição de desigualdade extrema por muito tempo – mesmo no cenário em que, do ponto de vista objetivo, elas tenham condições de se sustentar materialmente com segurança. E esse fator está enraizado na natureza humana. Você pode chamá-lo de inveja, cobiça, senso de justiça ou apreço pela igualdade. O fato é que não é possível negar sua existência. E essa observação foi feita muito antes dos pensadores modernos que trataram do socialismo e do liberalismo. Está em Aristóteles.

---

7. Tom Stafford, The odd thing that happens when injustice benefits you. *BBC*, 19 abr. 2015. Disponível em: https://www.bbc.com/future/article/20150419-are-you-honest-without-realising. Acesso em: 11 maio 2021.

Em um dos primeiros (e mais importantes) livros escritos sobre a política (convenientemente chamado de *Política*), Aristóteles escreveu que a desigualdade traz em si o risco de destruir os laços que unem os membros de uma mesma sociedade. "As revoltas ocorrem sempre devido à desigualdade, a menos que se confira um estatuto semelhante aos que se encontram em situação de desigualdade (...). São os que procuram a igualdade quem, de modo geral, desencadeia as revoltas", ele afirmou.[8]

Para Aristóteles, um regime em que apenas os pobres dominem é, no fim das contas, tão ruim quanto um regime em que apenas os ricos dominem. A cidade precisa ser administrada por pessoas de diferentes grupos – e, de preferência, precisa ser formada majoritariamente por pessoas de classe média, já que isso serviria como um ponto de equilíbrio para a polarização entre ricos e pobres. Quanto mais pessoas de classe média, melhor. "O governo da classe média está muito mais próximo das facções democráticas do que está das oligarquias, o que contribui para o tornar no mais estável dos regimes desta espécie", disse o filósofo.[9]

Aristóteles sabia das coisas. Aliás, é interessante notar que, tanto à direita quanto à esquerda, algumas das mentes mais influentes da história lhe deram razão. Winston Churchill, um político conservador, defendia que o Reino Unido implementasse medidas de apoio aos trabalhadores para evitar que eles fossem atraídos pelo socialismo e passassem a defender uma revolução. Karl Marx, por sua vez, não via muitas chances de

---

8. Aristóteles, *Política*. Tradução de Antônio Campelo Amaral e Carlos de Carvalho Gomes. São Paulo: Editora Vega, 1998, p. 351.

9. Ibidem, p. 355.

uma revolução socialista acontecer nos Estados Unidos, porque lá a maior parte dos trabalhadores pertencia à classe média. Mesmo estando em lados opostos, ambos enxergaram que, em uma sociedade em que os extremos estão muito distantes, cria-se uma brecha para uma ruptura.

O terceiro problema da abordagem é puramente econômica é o fato de que a desigualdade econômica tende a aumentar os outros tipos de desigualdade, como uma bola de neve. Os ricos tendem a morar nos mesmos bairros (protegidos por muros e seguranças), a mandar os filhos para as mesmas escolas e a casar-se entre si. Em poucas gerações, uma sociedade desigual pode deixar de ser uma sociedade e se fragmentar em duas ou três. Já não haverá hábitos, costumes, valores em comum. O próprio respeito às leis deixa de existir. Se um grupo acredita que as regras foram feitas exclusivamente por ou para o outro grupo, a reverência diante da lei se desfaz.

Assim, mesmo que se admita que a desigualdade não é um problema em si do ponto de vista econômico, é preciso atentar para as consequências políticas e sociais dela. A desigualdade importa. Ignorar isso não fará o problema desaparecer.

O mais rico dos empresários, vivendo seguramente em sua mansão e circulando pelo mundo em um jato privado, também deveria se preocupar com esse problema. Se não por solidariedade aos menos afortunados, pelo menos por causa da fragmentação social gerada pela desigualdade acentuada. Alguns dos pilares de uma economia de mercado, como a estabilidade política e o respeito à lei, não se sustentam sem a compreensão de que todos os membros da sociedade têm algo em comum que os une. Sem coesão social, não há estabilidade política.

E, sem estabilidade política, não há um ambiente favorável aos negócios.

Partindo do pressuposto de que a desigualdade é um problema que precisa ser enfrentado com seriedade, ao lado da pobreza, o próximo passo é avaliar quais são as principais soluções possíveis para esse problema. Vamos levar em conta como diferentes autores e diferentes povos, em épocas distintas, trataram do assunto. Começando pelo primeiro pensador a escrever um livro a respeito do tema. ∎

O REGIME EM QUE NADA É DE NINGUÉM

No primeiro capítulo, vimos que, além da pobreza, que é um problema evidente, a desigualdade também precisa ser levada a sério. O próximo passo é explorarmos as possíveis maneiras de atacar esses problemas. De início, vale a pena considerar a hipótese mais óbvia, mas também mais desafiadora: e se fosse possível, em vez de apenas reduzir ou amenizar, acabar com a desigualdade de uma vez por todas? E se todos os brasileiros aceitassem que a igualdade completa é a única forma justa de se viver?

Por definição, a desigualdade econômica é uma desigualdade de posses. "Propriedade é roubo!", proclamou o filósofo e político francês Pierre Proudhon, no século XIX. Antes dele, o pensador suíço Jean-Jacques Rousseau viu na propriedade a raiz de todos os males. Eis o seu pensamento sintetizado em suas próprias palavras:

> O primeiro que, tendo cercado um terreno, se lembrou de dizer: Isto é meu, e encontrou pessoas bastante simples para o acreditar, foi o verdadeiro fundador da sociedade civil. Quantos crimes, guerras, assassínios, misérias e horrores não teria poupado ao gênero humano aquele que, arrancando as estacas ou tapando os buracos, tivesse gritado aos seus semelhantes: "Livrai-vos de escutar esse impostor;

estareis perdidos se esquecerdes que os frutos são de todos, e a terra, de ninguém!"[10]

Se Proudhon e Rousseau estiverem certos, por que não tentarmos construir uma sociedade sem propriedade privada?

Felizmente, não somos os primeiros a pensar nisso. Na verdade, nem Proudhon e Rousseau foram. O debate sobre desigualdade social parece tão atual que, por vezes, nos esquecemos de que a discussão começou há mais de dois milênios. O primeiro a fazer essa jornada foi Platão, em seu livro *A República*. Nele, o filósofo apresenta um diálogo fictício entre Sócrates e outras figuras interessadas no problema da justiça. Depois de muito discutirem, eles concordam que a cidade mais justa é aquela em que os cidadãos são tão iguais uns aos outros quanto possível, como uma espécie de organismo único. A propriedade privada é deixada de lado em nome do coletivo. Platão havia observado que muitas cidades na verdade não são cidades propriamente ditas, mas um ajuntamento de duas facções diferentes. Nesses casos, ele escreveu, "São pelo menos duas (cidades), inimigas uma da outra, uma dos pobres e outra dos ricos".[11] Ele pretendia evitar esse mal.

Como qualquer ajuntamento humano, a cidade igualitária de Platão continua tendo necessidades primárias: os homens precisam de comida, de roupas, de moradia. Assim, é preciso que as pessoas se dividam em funções diferentes. Fatalmente, alguns trabalhos serão mais pesados que outros. Os moradores

---

10. Jean Jacques Rousseau, *Discurso sobre a Origem da Desigualdade*. Disponível em: https://professordiegodelpasso.files.wordpress.com/2016/05/jean-jackes-russeal-a-origem-da-desigualdade.pdf. Acesso em: 7 jun. 2021.

11. Platão, *A República*. Trad. Maria Helena da Rocha Pereira. Lisboa: Fundação Calouste Gulbenkian, 1990.

também precisam de um exército para defender a cidade de invasores estrangeiros e garantir que os cidadãos façam sua parte nessa engrenagem em que cada um se dedica a uma das atividades essenciais. Acontece que, para que esses homens armados não excedam suas atribuições e ponham tudo a perder, eles precisam ser bem-educados e treinados. A cidade carece, então, de uma política educacional. Platão chega à conclusão de que, além de controlar as propriedades, o Estado também tem de censurar rigorosamente a música e a poesia, já que a arte tem uma influência poderosa sobre as pessoas, sobretudo os jovens. O mesmo vale para a religião. Além disso, o governo precisa contar histórias fictícias sobre a natureza humana para que os guardiões não titubeiem em defender a cidade. É "a mentira nobre", que inclui, por exemplo, a história de que os guardiões não são filhos de um homem e uma mulher, mas brotaram do próprio solo (sim).

Gradualmente, o regime descrito por Platão se torna mais e mais complexo. Ao fim, os participantes do diálogo concluem que será preciso ter um líder capaz de manter a engrenagem funcionando, idealmente um sábio filósofo. É o filósofo-rei. O regime mais igualitário de todos, ironicamente, precisará funcionar como uma monarquia absolutista, com o poder concentrado nas mãos de uma pessoa.

Mais do que isso: para que a coesão social seja completa, e que não haja favorecimento, Platão defende que a família seja absorvida pelo Estado. Na República de Platão, não há marido e mulher. Ou melhor, todos são maridos e mulheres de todos dentro de uma mesma faixa etária. Tampouco as crianças fazem parte de um núcleo familiar específico. Elas pertencem à comunidade. "Estas mulheres todas serão comuns a todos esses homens, e nenhuma coabitará em particular com nenhum deles; e, por sua vez, os filhos serão comuns, e nem os pais saberão quem são os seus próprios filhos, nem os filhos os pais"[12], propõe Sócrates, que representa a voz de Platão no diálogo. Não por acaso, a implementação desse regime exigirá uma medida extremamente radical: todos os cidadãos com mais de dez anos de idade terão de deixar a cidade, já que foram criados sob outro sistema e não se adaptarão ao novo modelo.

Platão começou buscando a sociedade ideal, em que a justiça e a igualdade são completas, e acabou chegando a uma tirania em que não há participação política, liberdade de pensamento, vida conjugal ou amor entre pais e filhos.

Até hoje, estudiosos debatem se *A República* é uma grande ironia destinada a provar a inviabilidade do comunismo ou se é de fato um projeto sincero de uma cidade ideal. Independentemente da resposta, e apesar de alguns aspectos aparentemente exagerados do livro, o fato é que Platão captou, com séculos de antecedência, aquilo que os moradores de países como Rússia, China e Coreia do Norte descobriram no século XX: buscar a erradicação completa da desigualdade exige um regime autoritário, que controla cada aspecto da vida humana.

Vejamos, por exemplo, o que aconteceu na China no século XX. O regime implementado pelo Partido Comunista em 1954 tinha o seu "filósofo-rei": Mao Tsé-Tung, que não apenas concentrou o poder político como também escreveu o *Livro Vermelho*, o manual que ensinava aos chineses como ser... chineses. Mao era filósofo e era rei. Ele também tinha seus guardiões platônicos (a Guarda Vermelha), cuja missão era impedir que

---

12. Ibidem.

os valores do regime fossem questionados. Embora não tenha chegado ao ponto de coletivização das crianças, o regime de Mao interferiu diretamente nas famílias: simplesmente proibiu que casais tivessem mais de um filho. Aliás, a Política do Filho Único seria oficialmente abolida apenas em 2019.

Pense um pouco nisso. A geração de uma criança é uma consequência natural de um dos atos naturais do ser humano: a relação sexual. Em um país predominantemente rural, onde não necessariamente os métodos anticoncepcionais estão disponíveis para todos, uma medida como a adotada pelo regime chinês tem um efeito aterrorizador sobre os casais naquilo que lhes é mais íntimo. E, como nenhum regime político consegue modificar a natureza humana, nem todas as famílias conseguiram cumprir a regra. O governo, então, passou a promover abortos forçados e até mesmo a retirar crianças de seus pais.

Outra consequência trágica dessa política foi o fato de muitas famílias abandonarem ou até mesmo eliminarem bebês do sexo feminino, já que em áreas rurais a mão de obra masculina era muito mais valorizada. As consequências disso são visíveis. Em 2018, para cada cem mulheres chinesas entre 15 e 29 anos, havia 280 homens chineses da mesma faixa etária.[13] A discrepância deve crescer pelo menos até o fim da década que vem. Para efeitos de comparação, a média global é de 102 bebês do sexo masculino para cada cem do sexo feminino.[14] A crise demográfica da China, incentivada por uma política

---

13. *China's woman shortage creates an international problem*. Disponível em: https://share.america.gov/dire-effects-of-chinas-woman-shortage/. Acesso em: 3 jun. 2021.

14. Are there more men or more women in the world? *Ined*, atualizado em 5 jun. 2020. Disponível em: https://www.ined.fr/en/everything_about_population/demographic-facts-sheets/faq/more-men-or-women-in-the-world/. Acesso em: 12 maio 2021.

tirânica do governo, deixará sua marca por gerações. Além das consequências econômicas dessa medida, existe uma tragédia humana terrível: milhões de garotas foram eliminadas e milhões de rapazes jamais conseguirão formar uma família.

A educação e a cultura também foram alvo do regime de Mao Tsé-Tung. Assim como em *A República* de Platão, o regime chinês não tolerava certos tipos de arte por considerá-los contrários aos princípios do regime. Tudo o que era "ocidental" ou "capitalista" não tinha espaço. A chamada Revolução Cultural chinesa perseguiu professores e autores que não propagavam a tese comunista de dominação perpétua da classe trabalhadora.

No regime comunista chinês, tampouco havia liberdade para que os indivíduos vivessem na cidade onde quisessem e trabalhar na profissão que escolhessem. O Partido Comunista era (e ainda é) o único partido permitido. A liberdade de imprensa inexistia (e pouco mudou nesse quesito nas últimas décadas). As religiões eram perseguidas.

A remoção das propriedades privadas, especialmente de proprietários de terras agrícolas, se deu de forma violenta. Dezenas de milhares de fazendeiros foram simplesmente executados. De repente, a terra passou a pertencer ao Estado. Aliás, o que a experiência comprova é que um regime sem propriedade privada não é um regime sem propriedade privada: os bens passam apenas a pertencer ao governo, e o governo pertence àqueles que se autonomeiam como responsáveis pela revolução. Ao fim, o método comunista exige uma concentração de poder tão grande no Estado (mesmo que ele tenha outro nome, como "Comitê Popular") que o resultado é uma desigualdade ainda maior do que no início. Agora, o poder político e o poder econômico estão nas mãos da mesma pessoa, que também possui o monopólio do uso da força. E este parece ser um mal intrínseco de modelos que propõem o fim da propriedade privada.

Mas talvez o aspecto mais trágico da tentativa de implementação do comunismo na China tenha sido o número de pessoas mortas pelo regime – seja pela violência direta, seja pelas consequências trágicas das políticas que, literalmente, mataram de fome. As estimativas mais conservadoras falam em 40 milhões de mortos. Alguns estudiosos colocam um número ainda mais alto: cerca de 65 milhões de pessoas.

Depois da morte de Mao, nos anos 1970, o regime chinês começou lentamente a reabrir sua economia. Mas, ainda hoje, o sistema comandado pelo Partido Comunista Chinês mantém muito do autoritarismo do regime implantado em 1954. Lá, Google, Facebook, Twitter, Instagram e YouTube são banidos pelo governo. A liberdade religiosa é restrita. Não existe nada parecido com um sistema democrático que inclua eleições diretas e diversidade de partidos políticos.

O exemplo da China não é um caso isolado. Com algumas diferenças, o processo chinês é um bom resumo do que aconteceu mundo afora quando facções políticas tomaram o poder com a ideia de abolir a propriedade privada. Na maior parte dos casos, o regime que os comunistas derrubaram estava longe de ser um exemplo. Mas o que veio a seguir foi ainda pior. Por exemplo: somente em 2013 os cubanos foram autorizados a viajar para fora do país livremente. E somente em 2018 eles puderam se tornar donos das próprias casas onde viviam. Até hoje, os moradores de Cuba vivem sob um regime de partido único, sem imprensa livre e sujeitos à vontade do líder máximo. Entre 1965 e 2021, o Partido Comunista de Cuba, que detém o monopólio do poder no país, teve apenas dois líderes: Fidel Castro e Raúl

Castro. Provavelmente por uma incrível coincidência, ambos eram irmãos.

A história da União Soviética, fruto da primeira revolução marxista da história, difere em escala, mas não na essência. Desde o início, o regime cerceou liberdades políticas e perseguiu opositores. Nem a igreja, nem a imprensa, nem as escolas escaparam do poder totalitário do Estado. Saldo de mortos: no mínimo 15 milhões.

Em todos esses países onde governos tentaram implementar um regime comunista, o que se viu foi censura, autoritarismo e morte. E, talvez seja desnecessário acrescentar, não havia espaço para pluralidade ou diversidade. Como em *A República* de Platão, a ideia original era promover a justiça e a igualdade, mas o resultado foi uma tirania sem limites. Essa parece ser a falha fundamental de qualquer regime que queira abolir a propriedade privada. Não que chineses, russos e cubanos sejam especialmente sádicos. É possível que muitos líderes comunistas tenham agido inicialmente por benevolência legítima. Mas não se consegue construir um regime totalmente igualitário sem o uso da força estatal para perseguir, coagir e confiscar.

Ainda assim, vamos dar mais uma chance ao comunismo. Talvez alguns vícios desses regimes comunistas mundo afora não sejam inerentes ao comunismo. Pensemos no Brasil por um momento. É possível que, tendo aprendido a lição da história e colocando em prática a cordialidade do povo brasileiro, possamos fazer diferente. Suponha que, munidos das melhores intenções, uma parcela de brasileiros consiga obter o poder de forma pacífica e passe a implementar um programa de abolição da propriedade privada. O lema é: nada pertence a ninguém.

O que seria preciso para que o comunismo (isto é, o regime em que tudo é comum a todos) fosse atingido?

De início, seria necessário revogar a propriedade privada de empresários, fazendeiros, comerciantes. Tudo agora pertence ao Estado (ou, se preferirem, ao Comitê Popular). Assim sendo, a Constituição Federal, que reconhece a propriedade privada como um dos pilares da República, já não nos serviria. É preciso deixá-la de lado, o que significa uma ruptura institucional. Problema: o que faremos com o Congresso Nacional? E com o Judiciário? E com o Executivo? Quem vai tirá-los de lá? Se formos elaborar uma nova Constituição livre da propriedade privada, a maioria absoluta dos atuais políticos terá de ser gentilmente convidada a se abster de participar.

É evidente que, além de desagradar a classe política, uma proposta como essa enfrentará a resistência dos proprietários de terras, comércios e fábricas (deixemos de lado os milhões de pessoas das classes média e baixa que também têm propriedades privadas, para efeitos de simplificação). Não se pode esperar que eles abram mão de seus bens voluntariamente. Alguém precisará tomar a imponente sede do Banco Itaú no bairro do Jabaquara, em São Paulo. O mesmo vale para as megafazendas da JBS Friboi no estado de Goiás, e para as milhares de lojas das Casas Bahia país afora. E é por isso que, desde cedo, os teóricos marxistas defenderam a revolução armada como o caminho para o comunismo. Sem o uso da força, não conseguiremos levar adiante nosso plano de acabar com a propriedade privada no Brasil. A revolução, portanto, exige braços e armas. É preciso um exército para derrotar as forças do regime em vigor. Um exército, por sua vez, precisa de planejamento, estratégia, hierarquia. De um líder.

Esse novo regime em que tudo é de todos exige, tal como os soldados de *A República* de Platão, que os militares sejam leais aos princípios da coletivização. Os dissidentes têm de ser punidos. Pouco a pouco, o nosso comunismo brasileiro (que, não se esqueça, chegou ao poder pacificamente) virou uma ditadura mantida pela força do fuzil. Não que isso seja uma surpresa: o próprio Karl Marx defendia uma ditadura, a ditadura do proletariado. Marx atacou diretamente a ideia de poderes (Executivo, Legislativo e Judiciário) independentes, como em qualquer república democrática moderna. O manifesto comunista, assinado por Karl Marx e Friedrich Engels, termina deixando claro que a causa só pode ser ganha "pela derrubada forçada de todas as condições sociais existentes". Mais que a remoção do governo da ocasião, o comunismo exige que a sociedade seja completamente remodelada. Ao custo de muitas vidas.

A esta altura, o leitor pode ter chegado à conclusão de que um regime comunista é inviável na prática. Sim e não. O comunismo é possível – mas não o tipo de comunismo que as pessoas geralmente têm em mente. Se um grupo de pessoas se reúne para viver em comunidade, não necessariamente o resultado será uma ditadura.

Não se trata de uma mera provocação. Pelo menos uma organização levou um projeto como esse adiante – embora você nunca tenha ouvido falar dela: o *Bruderhof*. "*Bruderhof*" significa "o lugar dos irmãos" em alemão. Estabelecido em comunidades mundo afora, esse grupo alcançou o pleno regime comunista. Em um primeiro olhar, aliás, a descrição apresentada pelo *Bruderhof* em sua página na internet soa incrivelmente parecida com o comunismo dos marxistas. "Nós compartilhamos tudo. Nenhum de nós tem qualquer propriedade em nosso nome, e nenhum de nós recebe um salário, auxílio ou mesada. Tudo pertence ao coletivo de membros". A afirmação talvez mais impressionante seja esta: "Nenhum membro é mais rico ou mais pobre do que qualquer outro". O lema do *Bruderhof* é "outra vida é possível".

Funciona assim: quando alguém decide se juntar à comunidade, precisa doar todo o seu patrimônio ao grupo. Em troca, recebe o direito a morar em uma casa na comunidade (a cozinha é compartilhada com outra família) e a receber todos os itens necessários para uma vida simples. O novo morador, claro, precisará trabalhar na comunidade – geralmente em algum serviço manual. O comunismo do *Bruderhof* é levado tão a sério que até as roupas são propriedade coletiva.

Não, não se trata de um golpe aplicado por uma seita obscura em sonhadores incautos. Os integrantes do *Bruderhof* levam uma vida honesta e transparente, e visitantes são bem-vindos para passar quanto tempo quiserem nas comunidades – a maior parte delas se localiza em áreas rurais, mas também há grupos urbanos, inclusive uma no Harlem, em Nova York. Esse regime de vida em comum surgiu em 1920. Hoje, a organização mantém comunidades em seis países de quatro continentes. Qualquer um pode virar um membro e se juntar ao modo de vida comunal, desde que esteja disposto a trabalhar e genuinamente compartilhe dos princípios cristãos (o *Bruderhof* é de origem anabatista, um ramo do cristianismo que prega o pacifismo e rejeita o envolvimento com o governo).

Ainda assim, o *Bruderhof* tem duas diferenças fundamentais com o comunismo de Platão e seus herdeiros do século XX. O primeiro: a pequena escala. Apesar de seus mais de cem anos de existência e de sua política em favor de qualquer pessoa que queira se integrar, o grupo tem cerca de 2.900 membros no mundo, divididos em dezesseis comunidades. Ou seja: em média, são aproximadamente 180 pessoas (cerca de quarenta famílias) por comunidade.

A segunda diferença: todos os membros adultos do *Bruderhof* sabiam das regras e escolheram viver lá. Não é um comunismo imposto de cima para baixo. E, além de viverem em uma comunidade de dimensões muito reduzidas, essas são pessoas com princípios comuns, uma religião comum e, na maior parte dos casos, uma origem étnica comum (germânica).

O comunismo parece ser possível, portanto, mas somente em circunstâncias muito específicas e em pequena escala. E, embora haja aspectos elogiáveis no modo de vida da comunidade *Bruderhof*, nossa pergunta continua em aberto: qual é a melhor forma de enfrentar a pobreza e a desigualdade na sociedade como um todo? Do sucesso do *Bruderhof* não segue que seja possível implementar à força um regime sem propriedade privada em um país grande e diverso como o Brasil (ou mesmo em uma cidade inteira, ou um bairro inteiro).

Aliás, é interessante observar que, apesar de ainda haver muitos defensores do comunismo mundo afora, eles parecem não acreditar na viabilidade do sistema que defendem. O compartilhamento de propriedades não necessariamente precisa ser implementado em um país inteiro. O que impede, hoje, que um grupo de famílias adquira terras suficientes para uma vida em total divisão de bens, sem desigualdade? Por que os comunistas não decidem criar uma espécie de comunidade *Bruderhof*, mas sem as exigências religiosas? Embora sejam relativamente numerosos, os militantes do Partido Comunista do Brasil, por exemplo, continuam vivendo suas vidas normalmente dentro do regime capitalista e com suas propriedades privadas, como se o comunismo dependesse unicamente de uma tomada completa do poder.

Também é curioso que muitos dos autoproclamados comunistas prefiram reverenciar regimes que causaram a morte de milhões de pessoas e violaram a liberdade de seus cidadãos, em vez de reconhecer que, pelo menos em uma escala reduzida, o comunismo do *Bruderhof* parece mais adequado, mais pacífico e mais eficiente. É como se eles estivessem mais preocupados em conquistar o poder do que em promover a igualdade.

Como Platão já havia notado, o projeto do regime comunista de larga escala tem início na preocupação (legítima e necessária) com a justiça, mas termina com o poder concentrado nas mãos de uma só pessoa. Com o controle tanto dos meios de produção quanto do sistema educacional e dos meios de comunicação, sem espaço para a oposição, ele transforma o regime em uma tirania – e, portanto, em um regime radicalmente desigual. O líder e seus aliados têm todo o poder e todos os recursos. Os demais não possuem nada que não seja uma concessão (sempre reversível) do Estado.

Para os mais pobres, o regime político comunista pouco faz. Em troca de uma prosperidade econômica que nunca chega, os mais humildes são forçados a abrir mão de suas liberdades, de sua intimidade familiar e de sua religião. Muitos precisam renunciar à própria vida em favor da coletividade. Aliás, uma simples análise do desempenho dos partidos comunistas em eleições mundo afora leva à conclusão de que nem mesmo as pessoas mais carentes acreditam que o fim da propriedade privada é o caminho a ser tomado.

Talvez por ter notado os problemas intrínsecos do comunismo, Platão acabou escrevendo um segundo livro sobre o modelo ideal de cidade: *As Leis*. Última e mais longa obra do filósofo grego, esse livro é muito menos radical do que *A República*. Nele, Platão reconhece que o regime em que as leis são soberanas, e não um rei ou tirano, é mais desejável do que a utopia autoritária do primeiro regime. Lição aprendida. ∎

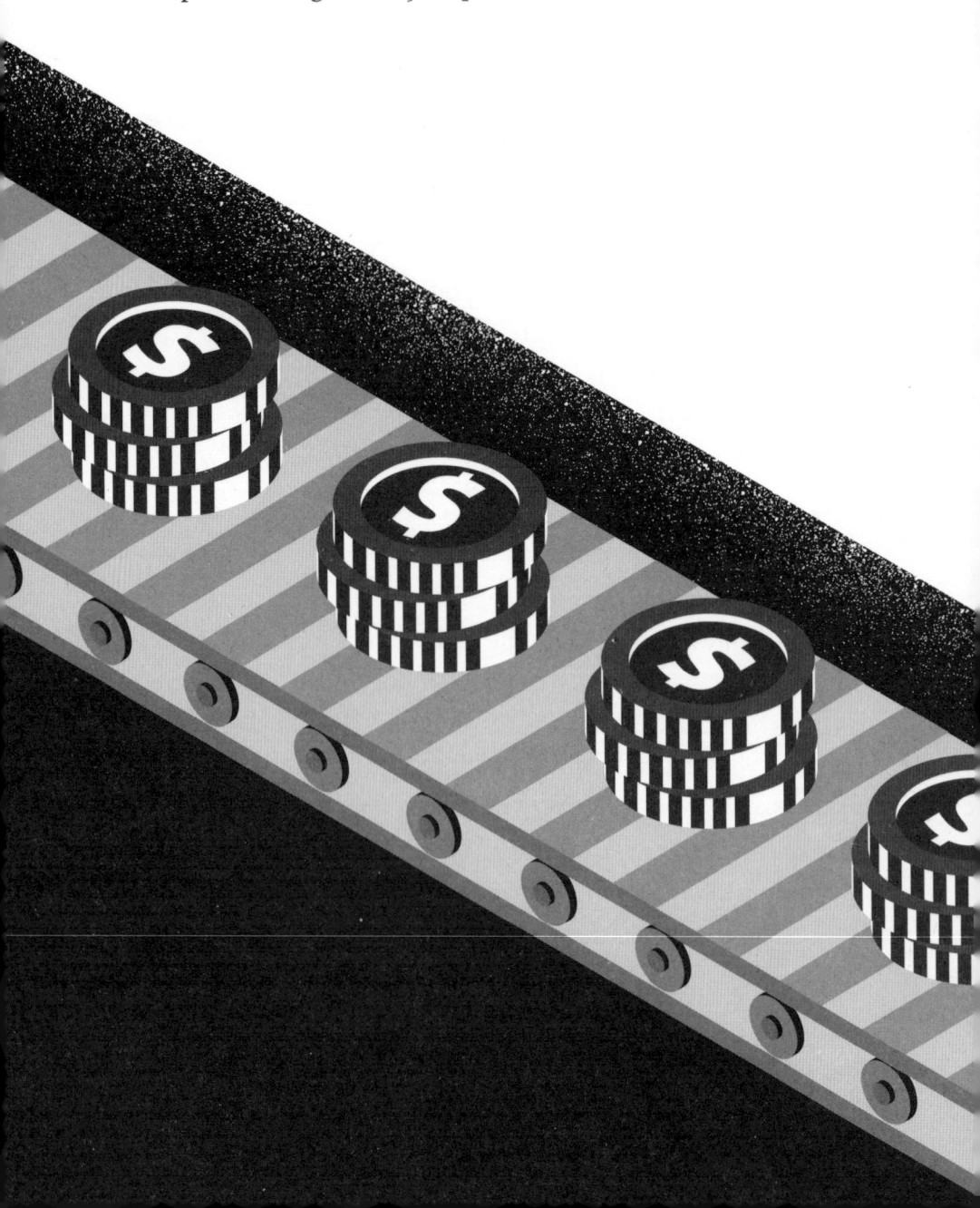

O REGIME EM QUE TODOS RECEBEM O MESMO SALÁRIO

Um sistema político e econômico que simplesmente transfere todas as propriedades privadas para o governo, em nome do povo, parece não ser desejável. Mas e se dermos apenas um passo atrás? E se as pessoas puderem continuar desfrutando de suas propriedades e trabalhando na profissão que bem entenderem e tendo quantos filhos bem entenderem, desde que o Estado se encarregue de redistribuir a renda de forma que nenhuma pessoa seja mais rica do que a outra?

Para efeitos de simplificação, vamos imaginar que esse regime tenha o nome de socialismo.

Comunismo e socialismo são frequentemente tratados como sinônimos. E é fácil se confundir. Mundo afora, muitos partidos comunistas acabaram adotando o socialismo como proposta de governo. Mas, para os objetivos deste livro, a melhor distinção é esta: no comunismo, não existe propriedade privada.

No socialismo, ela existe, mas as riquezas são distribuídas igualmente entre todos. É como se todos os lucros e vencimentos fossem taxados em 100%. O advogado continua sendo o advogado, mas o salário dele não será maior do que o do vendedor de pipoca na porta do escritório. Em princípio, justo: já que todos os homens são iguais, cada um trabalha naquilo que faz melhor (ou naquilo que quer), mas no fim todos têm o mesmo nível econômico.

O socialismo, aliás, existia muito tempo antes de Karl Marx vir a este mundo.

Os primeiros imigrantes vindos do Reino Unido e de outras partes da Europa atracaram no território atual dos Estados Unidos em novembro 1620, 66 dias depois de deixarem a Inglaterra a bordo do navio *Mayflower*. Os 102 pioneiros, a maioria deles pessoas esclarecidas que tinham deixado sua terra natal em busca de liberdade religiosa, estavam imbuídos de boas intenções. Na verdade, a própria vida deles dependia do sucesso daquela empreitada em terras estranhas. Os líderes do grupo decidiram que, durante os primeiros sete anos, tudo o que fosse produzido pela comunidade iria para um fundo comum, de onde seria dividido igualmente entre todos. O princípio era o de que, em um ambiente novo e inóspito, aquele pequeno agrupamento de pessoas só poderia sobreviver se a coesão social fosse completa e cada um deixasse de lado o próprio interesse.

Mas, na prática, não deu certo.

William Bradford, que havia sido escolhido como líder da comunidade, logo começou a ouvir relatos de que o regime não estava funcionando: os mais jovens se queixavam de trabalhar muito para benefício dos mais velhos, que não tinham capacidade de produzir tanto. Os mais dedicados não gostavam de ter de trabalhar em prol dos que, aparentemente, eram mais preguiçosos. Os indígenas locais até ajudaram os imigrantes europeus, ensinando-lhes algumas técnicas de plantio adequadas para o solo local (e dali surgiria o *Thanksgiving*, o Dia de Ação de Graças). Mas, ainda assim, as colheitas de 1621 e 1622 foram insuficientes. A fome era uma realidade. Enfraquecidos pela desnutrição, muitos colonos (quase metade do total) morreram. Em 1623, o experimento foi abandonado. Em vez da socialização da produção, o líder da comunidade aceitou que cada família tivesse o seu pedaço de terra para produzir e obter os próprios recursos. Em 1624, a colheita foi tão grande que a produção sobrou: foi possível até mesmo enviar milho para a Europa.

Quando, mais tarde, escreveu sobre o assunto, Bradford descreveu o episódio desta forma:

> A experiência que foi tida nesta jornada e condição comuns, tentada por vários anos e entre homens religiosos e sóbrios, pode muito bem evidenciar a futilidade daquele conceito de Platão [...] de que retirar a propriedade e trazer a comunidade a um sistema de compartilhamento faria as pessoas felizes e prósperas.[15]

Embora o modo de vida dos pioneiros norte-americanos não fosse exatamente igual ao do comunismo de Platão, o erro econômico fundamental permanecia: um sistema coletivo de produção, sem qualquer recompensa por mérito ou esforço, impede que cada indivíduo realize o seu potencial e dê o melhor de si.

A pequena sociedade liderada por Bradford tinha à sua disposição terras férteis, disposição para trabalhar e, de forma geral,

---

15. William Bradford, *Of Plymouth Plantation, 1620-1647*. New York: Modern Library, 1967. Disponível em: https://press-pubs.uchicago.edu/founders/documents/v1ch16s1.html. Acesso em: 7 jun. 2021. Tradução nossa.

um rígido sistema religioso que coibia a desonestidade e incentivava o trabalho duro. Ainda assim, os puritanos não eram a comunidade *Bruderhof*: nem todos os adultos concordavam com o modo de produção adotado. Bradford comprovou na prática a tese de que as pessoas tendem a ser menos produtivas quando, em vez de trabalhar para seu benefício e de suas famílias, elas o fazem em nome de uma entidade abstrata e sem rosto, como "a comunidade". A explicação está em características inerentes ao ser humano. E Aristóteles, curiosamente um aluno de Platão, enxergou o problema.

Por não ter ilusões a respeito da natureza humana, Aristóteles rejeitava a ideia proposta por Platão em *A República*. Entre outros problemas, Aristóteles notou que as pessoas tendem a se esforçar menos em prol de um projeto quando sabem que não serão individualmente recompensadas por ele. Com 23 séculos de antecedência, ele percebeu o que os psicólogos e economistas viriam a chamar de "a tragédia dos comuns". Talvez você nunca tenha ouvido falar nesse fenômeno nesses termos. Mas certamente já o presenciou na prática na escola: muitos alunos têm, digamos, menos empenho em trabalhos de grupo do que em trabalhos individuais.

No semestre final da faculdade de jornalismo, uma dupla de amigos meus decidiu realizar o projeto final do curso em conjunto. Um terceiro aluno perguntou se poderia se juntar a eles, e eles gentilmente aceitaram. No fim das contas, meus amigos descobriram que o novo sócio não parecia muito empenhado em dar o seu melhor. Por inércia, meus dois amigos continuaram tocando o projeto (afinal, jornalismo não é física quântica, e duas pessoas são mais que suficientes para um trabalho de conclusão de curso). Tudo o que o terceiro elemento precisava fazer era decorar sua parte na apresentação final, diante da banca de professores, e fazer um trabalho minimamente decente. Acontece que, no dia e hora marcados, o rapaz simplesmente não apareceu. Ele dormira demais e acabou perdendo a hora. Final da história: o projeto foi aprovado e os três receberam a mesma nota. O fato de que o aluno ausente ainda assim acabou aprovado provavelmente depõe contra a qualidade do ensino superior brasileiro, mas esta não é a parte mais importante da história. O que nos interessa é que, adotando um ponto de vista cínico, o nosso amigo dorminhoco foi brilhante em sua indolência. Conseguiu uma boa nota empregando o mínimo esforço possível. Se o trabalho fosse individual, ele não teria escapatória: ou faria algo minimamente decente, ou ficaria sem o diploma (e o Brasil talvez fosse poupado de um jornalista preguiçoso).

Aristóteles definiu esse aspecto da natureza humana desta forma:

> O que é comum ao maior número recebe a menor quantidade de cuidado. Os homens prestam mais atenção àquilo que é deles próprios; eles se importam menos com o que é comum; ou, de certa forma, eles se importam com isso apenas na medida em que lhes diz respeito individualmente.[16]

Embora seja uma descrição um tanto quanto pessimista da natureza humana, a descoberta de Aristóteles pouco tem de surpreendente. O impulso natural pela autopreservação, estendido aos familiares imediatos, faz com que os seres humanos priorizem tudo o que diz respeito a si mesmos. Se estou num bote com vinte remadores e deixo de remar, o bote continua em movimento, apenas ligeiramente mais devagar. Se estou em

---

16. Aristóteles, op. cit.

uma canoa com apenas um remo e sou o único em condições de conduzir a embarcação para uma praia segura, a única alternativa é me esforçar ao máximo.

O problema econômico essencial do regime socialista é o fato de que, nele, não há incentivos suficientes para a inovação e o progresso econômico. Quais incentivos um empreendedor terá para iniciar um novo negócio que vai aumentar a eficiência da economia e gerar emprego para outras pessoas? Inovando ou não, gerando riqueza ou não, ele terá exatamente a mesma recompensa.

Foi isso que os peregrinos recém-chegados à América do Norte perceberam na prática. E esse aspecto do comportamento humano é fácil de observar. Não é apenas por falta de recursos que as escolas públicas são mais malcuidadas do que as particulares, por exemplo. O fato é que os professores da rede pública, geralmente concursados, têm menos incentivos para um melhor desempenho – incentivos tanto negativos quanto positivos. Um professor de escola particular teme, por um lado, ser demitido e aspira, por outro, a uma promoção ou um aumento salarial. Isso não significa que os professores de escolas públicas são movidos apenas pelo dinheiro – mas negar que o dinheiro é um incentivo importante significa negar a própria natureza humana. Para os professores, como para qualquer outra categoria de trabalhadores, o dinheiro significa a oportunidade de melhorar a vida de si mesmos e de suas famílias. E as pessoas normais amam a si mesmos e suas famílias.

Mas nem todas as pessoas estão convencidas de que a tragédia dos comuns é uma realidade. Mais de trezentos anos depois do episódio envolvendo os pioneiros do *Mayflower*, outros desbravadores resolveram realizar um experimento semelhante:

eram judeus que haviam se mudado para o recém-criado estado de Israel.[17] O *kibutz*, espécie de fazenda coletiva, adotava um princípio parecido ao dos puritanos vindos da Inglaterra. E, no médio prazo, o resultado foi parecido. O modelo teve de ser parcialmente adaptado. Hoje, muitos *kibutzim* contratam trabalhadores externos e pagam salários normalmente. Além disso, o modelo sempre dependeu da venda dos produtos para o mundo exterior. Essa pequena experiência socialista precisava de um mundo capitalista do lado de fora de seus muros. O dinheiro que os outros israelenses ganhavam com seu modo de vida capitalista ajudava a bancar os kibutzim.

A propósito, talvez você já tenha notado um padrão: tanto os *Bruderhorf* como os pioneiros na América e os israelenses dos *kibutzim* tinham uma vida predominantemente rural. Em um regime coletivista, com uma economia pouco produtiva, não há como fugir disso. O alimento é a necessidade mais básica do ser humano – e, ao mesmo tempo, uma das que mais exigem trabalho braçal e dedicação diária. Num sistema comunista ou socialista, há pouco espaço para publicitários, dançarinos, atores e influenciadores digitais. Isso também significa que há pouca ou nenhuma liberdade de escolha quando o assunto é a carreira profissional. Ironicamente, foi a Revolução Industrial (capitalista), no fim do século XVIII, que desencadeou um rápido processo de urbanização e o surgimento de um novo mundo onde, pela primeira vez na história, a maior parte das pessoas não era agricultora.

---

17. Seraj Assi. Why kibbutzim isn't socialism. *Jacobin*, [s.d.]. Disponível em: https://www.jacobinmag.com/2016/10/kibbutz-labor-zionism-bernie-sanders-ben-gurion/. Acesso em: 13 maio 2021.

Embora soe ligeiramente menos radical do que o comunismo, o socialismo se assemelha em seus métodos. Na verdade, muitos teóricos de esquerda consideram o socialismo como um mero ponto de passagem rumo ao comunismo. Para alcançar um regime socialista, é provável que seja preciso usar a força para impedir que os grandes empresários e fazendeiros fiquem com seus lucros. Por isso, é possível dizer que ambos são sistemas autoritários e que dependem de uma quebra institucional. Aliás, ambos também dependem da premissa de que o Estado é capaz de planejar a economia de alto a baixo, por meio de uma complexa engenharia social.

No início deste capítulo, definimos o socialismo como o regime em que as pessoas ainda mantêm suas propriedades, mas as riquezas são divididas igualmente. Ou seja: se o boiadeiro ganhasse inicialmente 1.000 reais e o engenheiro agrônomo recebesse 20 mil, o salário deles passaria a ser equalizado para que todos ganhem o mesmo (e certamente seria algo mais perto dos mil do que dos 20 mil, já que há mais faxineiros do que médicos). Mas a sociedade não é estática. Imagine um regime socialista que decida dividir as terras agrícolas de uma determinada região em lotes idênticos. Agora suponha que, em uma mesma vizinhança, um casal tenha um filho, o segundo tenha três e o terceiro tenha sete. Em uma geração, haverá mais pessoas adultas a alimentar. Para que a igualdade permaneça, será necessário distribuir mais terras para contemplar os novos cidadãos. O filho do primeiro casal pode até permanecer no lugar onde os pais viviam, mas os outros terão de se mudar para onde o Estado determinar. A terra, no entanto, não é um recurso infinito, e a inovação tecnológica (que poderia aumentar a produtividade das plantações) tende a caminhar muito lentamente devido à falta dos incentivos presentes no sistema de livre mercado. O planejador central tem um dilema insolúvel – e daí vem a tentação de regular o número de filhos por família. Mas só existem duas formas de fazer isso: uma, controlando minuciosamente as relações sexuais entre as pessoas. Outra, promovendo abortos ou retirando crianças de famílias que ultrapassarem a quota estatal. Tanto uma quanto outra exigem medidas autoritárias. O socialismo, como o comunismo, exige uma concentração de poder desproporcional e antinatural.

Além disso, se o nosso objetivo neste livro é encontrar a melhor forma de atacar a pobreza e a desigualdade, os regimes coletivistas não têm um bom desempenho quando comparados aos regimes de economia livre.

Até 1950, a Coreia era um país só. Depois de um conflito sangrento entre capitalistas, no Sul, e comunistas, no Norte, o país se dividiu em dois. Hoje, o PIB *per capita* da Coreia do Sul é mais de quinze vezes maior do que o da Coreia do Norte. Em todos os outros quesitos relevantes, os sul-coreanos têm uma vida melhor do que os seus irmãos do norte – e tudo isso sem precisar se submeter a um regime autoritário. Desde os anos 1950, a Coreia do Norte teve apenas três líderes. O atual ditador é filho do último ditador e neto do penúltimo. Ao adotar um regime fechado, coletivista e centralizador, a liderança norte-coreana eliminou a liberdade do país, mas não atingiu a prosperidade. Pior: há indícios de que a Coreia do Norte é um país extremamente desigual em termos de renda.[18]

---

18. Marcus Noland. The Distribution of Income in North Korea. *PIIE*, 19 fev. 2013. Disponível em: https://www.piie.com/blogs/north-korea-witness-transformation/distribution-income-north-korea. Acesso em: 19 ago 2021.

Uma lógica semelhante vale para as comparações entre Cuba e Costa Rica, Alemanha Ocidental e Alemanha Oriental, Vietnã e Indonésia.

O intelectual americano William F. Buckley certa vez escreveu que, se comunistas fossem responsáveis por administrar o deserto do Saara, em cinquenta anos faltaria areia. Em defesa dos comunistas, é preciso dizer que ele talvez tenha exagerado: o Egito teve governos de extrema esquerda e, ao que parece, o Saara continua repleto de areia. Mas a provocação de Buckley (à qual subscrevo) tem um pé na realidade.

Em 2016, enquanto passava uma temporada em uma organização em Washington, nos Estados Unidos, fui encarregado de receber um dissidente cubano que, aos 56 anos de idade, estava em sua primeira viagem internacional. Depois de ser preso pelo regime em condições sub-humanas, ele finalmente obtivera uma autorização para deixar o país. Óscar Biscet, um médico e ativista político, chegou de trem à Union Station, uma grande estação no centro da cidade – repleta de restaurantes e lanchonetes.

Enquanto caminhávamos pela estação rumo ao nosso próximo compromisso, a alguns quarteirões dali, reparei que ele olhava com atenção especial para uma barraca de frutas. Curiosamente, Cuba tem um clima e um solo mais propícios para o plantio de frutas do que Washington, onde as temperaturas ficam abaixo de zero no inverno. Mas o dissidente não tinha visto tamanha fartura em seu país natal. Ao passarmos em frente a uma lanchonete com dezenas de opções, perguntei qual era o café da manhã típico em Cuba. "Pão com manteiga e café", ele me explicou, antes de completar: "Mas, quando não falta o pão, falta a manteiga. Ou o café".

Na América do Sul, o modelo cubano de socialismo obteve resultados semelhantes. O governo da Venezuela, em uma ofensiva contra a "cobiça" das grandes empresas, implementou um sistema agressivo de controle de preços, ao mesmo tempo que interferiu diretamente em algumas fábricas. O resultado não foi o fim da pobreza, mas a multiplicação da fome. Para milhares de venezuelanos, atravessar a fronteira a pé rumo à cidade brasileira de Pacaraima (RR) – sob todos os critérios, um município pobre – se tornou a única forma de conseguir uma vida minimamente digna.

Aliás, quem quiser visitar o túmulo de Karl Marx em Londres precisa pagar 4,50 libras (o equivalente a aproximadamente 35 reais em abril de 2021). Os responsáveis pelo cemitério, que é uma entidade sem fins lucrativos, parecem convencidos de que a melhor forma de manter algo funcionando é garantir que os indivíduos paguem por ele – em vez de garantir um utópico acesso universal e "gratuito" ao espaço. O gratuito aparece entre aspas porque, levando em conta que o cemitério depende da mão de obra de pessoas assalariadas, e considerando que o local precisa bancar contas de água, energia, telefone e internet, o dinheiro tem de vir de algum lugar. Se não dos usuários, do governo ou de algum doador privado.

Embora seja ligeiramente mais eficiente do que o comunismo completo, o regime socialista não resolve os problemas mais graves daquele modelo: o autoritarismo, a falta de liberdade política e a ineficiência econômica.

Não é de se surpreender: a distribuição dos recursos, como diz o bordão marxista, "de cada um conforme sua capacidade, a cada um conforme sua necessidade" exige que o Estado identifique com precisão a capacidade e a necessidade de cada um, e constantemente remaneje o orçamento para suprir essas necessidades. Esse é um cálculo impossível. Embora todos os seres humanos tenham as mesmas necessidades básicas, elas se modificam diariamente quando se analisa cada indivíduo em separado – o "cada um". Se você der a mesma quantidade de dinheiro a pessoas com a mesma idade e o mesmo perfil socioeconômico, elas provavelmente vão tomar decisões diferentes. Como seres racionais, eles têm a capacidade de decidir o que é melhor para si. Transfira esse poder para um burocrata em Brasília, e a resposta não será tão clara. Qualquer projeto de governo que dependa de um planejamento central da economia tende a fracassar.

O socialismo comete muitos dos erros do comunismo, seu meio-irmão: desfaz instituições democráticas, restringe as liberdades individuais e requer uma ação revolucionária, inclusive com o uso da força. Tudo isso para entregar resultados economicamente medíocres. Não vale a pena. ∎

O REGIME EM QUE NADA ESTÁ ACIMA DO INDIVÍDUO

Até aqui, já vimos que, independentemente das intenções, sistemas coletivistas não são capazes de atacar o problema da desigualdade de forma satisfatória. Eles prometem igualdade e justiça, mas entregam autoritarismo e pobreza.

Talvez seja o caso de experimentar o extremo oposto: o regime onde o Estado sai de cena e as relações humanas são estabelecidas por meio de trocas voluntárias – inclusive de dinheiro –, se ambos os lados assim quiserem.

É verdade que, no passado, a infraestrutura oferecida pelo governo era essencial. O fato é que, hoje, o setor privado cresceu em tamanho e em complexidade. Existem hospitais, escolas, companhias telefônicas, estradas e até foguetes espaciais privados funcionando muito bem (e as empresas que não agradam o cliente precisam se reinventar para não falir). Nunca foi tão fácil depender apenas do setor privado quanto hoje. Talvez seja hora de se livrar do governo.

A ideia de que as pessoas podem viver livremente sem coerção estatal – mas com propriedade privada – é o que muitos chamam de anarcocapitalismo. De certa forma, assim como os comunistas, o anarcocapitalismo também deseja uma igualdade radical: nesse regime, nenhum homem é superior a outro homem hierarquicamente, e ninguém pode ser forçado a fazer algo com que não concorda.

Como não é difícil perceber, o anarcocapitalista preza pela liberdade acima de tudo e rejeita completamente a autoridade estatal. Faz algum sentido. O Estado não produz riqueza. Essa é uma característica do setor privado. Além disso, ditadores de correntes ideológicas diversas deixaram um rastro de sangue ao longo da história, especialmente no século XX. Vale a pena considerar a hipótese de simplesmente abolirmos qualquer tipo de governo.

Para os anarcocapitalistas, qualquer autoridade não passa de uma imposição violenta de um grupo sobre outro grupo. O único tipo de relação social aceito por eles é a relação horizontal, em que cidadãos livres decidem se associar livremente com um propósito específico. Sem uma autoridade superior.

Os anarcocapitalistas se baseiam em um princípio simples: o Princípio da Não Agressão (PNA). Nesse sistema, o PNA é o único limite à ação humana. Qualquer ato individual que não seja nocivo a outro ser humano é, por definição, legítimo. Por exemplo: havendo consentimento entre as partes e nenhum dano imediato a terceiros, tudo vale: prostituição, comércio de drogas e até mesmo a venda de órgãos. As relações de troca são regidas por contratos particulares. Num regime anarcocapitalista, eu posso construir meu próprio tanque de guerra e alugá-lo para quem eu quiser, pelo preço que eu quiser, para quantas pessoas eu quiser. Mas, a partir do momento em que assino o contrato, me obrigo a cumprir com os termos combinados.

O anarcocapitalismo surgiu quando o mundo já havia conhecido o terror do coletivismo assassino de nazistas e soviéticos. Sua reação à ilusão de que o Estado pode planejar a economia de alto a baixo, interferindo diretamente na vida privada dos cidadãos, é bem-vinda. Mas o modelo anarcocapitalista tem muitas lacunas.

Por exemplo: se um indivíduo faz um contrato de compra e venda com outra pessoa, e uma das partes dá um calote, quem aplicará a punição? A justiça estatal inexiste. A polícia, tampouco. O anarcocapitalista afirma que, nesse caso, as duas partes precisam incluir no contrato qual será o método da resolução de um eventual conflito, e podem recorrer a uma espécie de justiça privada. Ainda assim, isso não resolve o problema: uma das partes pode recorrer a outro grupo privado para aplicar o que acredita ser a verdadeira justiça. Em última instância, a força é quem definirá o lado vencedor. E a força será definida, em larga medida, pelo poder financeiro. Sem o Estado para fazer esse papel mediador (inclusive usando a coerção, se preciso), os direitos individuais serão facilmente anulados pelos mais fortes (o que, nesse caso, é praticamente sinônimo de mais ricos).

Além disso, mesmo que todos os brasileiros pacificamente decidam abolir o Estado e viver pacificamente em um regime anarcocapitalista, eles não terão qualquer defesa contra agressores estrangeiros – a não ser que contratem um exército privado (e, nesse caso, o adversário sempre pode pagar um pouco mais aos mercenários).

O anarcocapitalismo não deve ser confundido com o anarquismo "comum", geralmente associado ao campo político da esquerda. De forma geral, a versão de esquerda do anarquismo se opõe não apenas ao Estado, mas também às corporações e à acumulação de capital. O anarcocapitalismo não vê nada de errado nisso. Desde que os homens sejam livres, a desigualdade de renda é um não problema. O grande vilão é o Estado.

"Jamais existiu qualquer forma de 'contrato social' voluntário. Em todos os acontecimentos históricos, o Estado se apoderou, por meio do uso da violência agressiva e da conquista, deste monopólio da violência na sociedade",[19] escreveu Murray Rothbard, o inventor do termo anarcocapitalismo e um dos principais porta-vozes da causa. Para ele, "o Estado oferece um canal legal, ordenado e sistemático para o ataque à propriedade privada".[20] Rothbard defendia que a única posição aceitável era a abolição completa do Estado.

Mas esse modelo parece se basear no princípio de que os seres humanos são indivíduos isolados e completamente independentes uns dos outros, que só eventualmente, e baseados no próprio interesse, decidem firmar algum tipo de parceria. Se os comunistas e socialistas não conseguem enxergar o indvíduo por trás de um suposto sistema de luta de classes, o libertário anarcocapitalista peca por não acreditar na existência de um ente chamado sociedade. Para ele, tudo o que existe são indivíduos livres e plenamente autônomos. A ideia de bem comum, nesse contexto, não passa de uma ilusão.

Em uma reação à violência dos regimes coletivistas, o anarcocapitalismo adota uma posição extrema. Murray Rothbard precisa ser reconhecido pela disposição em levar adiante as

---

19. Murray Rothbard, *Anatomy of the State*. [S.l.]: Mises Institute, 2009. Disponível em: https://cdn.mises.org/Anatomy%20of%20the%20State_3.pdf?token=REV4EQBa. Acesso em: 14 maio 2021.

20. Murray Rothbard, *A Ética da Liberdade*. [S.l.]: Mises Brasil, 2010. Disponível em https://conteudo.mises.org.br/ebook-a-etica-da-liberdade. Acesso em: 7 jun. 2021.

consequências de suas premissas. Mas ele e os anarcocapitalistas vão longe demais. Sem nenhuma base comum que garanta pelo menos um conjunto de normas elementares, para assegurar a proteção à vida e à propriedade privada, o próprio mercado colapsa. Além disso, quando o Estado não tem o monopólio da força, a força fica a serviço de quem tem mais poder econômico. Assim, os mais pobres são duplamente desfavorecidos.

Outro problema do modelo anarcocapitalista é que, se o consentimento individual é o critério definidor das relações entre as pessoas, a ideia de solidariedade perde força; nem mesmo os pais serão obrigados a fazer algo pelos filhos. A propósito, isso é exatamente o que afirmava Rothbard. Para ele, os pais podem abandonar os próprios filhos, porque nenhum ser humano tem qualquer obrigação "positiva" – ou seja, a obrigação de fazer algo sem o seu consentimento. Para Rothbard, as únicas obrigações reais eram as "negativas", que meramente proíbem que o indivíduo faça algo que atinja outro indivíduo. Ele resumiu o problema nos seguintes termos:

> Os pais não têm o direito de agredir seus filhos, mas também os pais não deveriam ter a obrigação legal de alimentar, de vestir ou de educar seus filhos, já que estas obrigações acarretariam em ações positivas compelidas aos pais, privando-os de seus direitos. Os pais, portanto, não podem assassinar ou mutilar seu filho, e a lei adequadamente proíbe um pai de fazer isso. Mas os pais deveriam ter o direito legal de não alimentar o filho, i.e., de deixá-lo morrer. A lei, portanto, não pode compelir justamente os pais a alimentar um filho ou a sustentar sua vida.[21]

---

21. Ibidem.

A sociedade anarcocapitalista não parece uma sociedade que promova vidas plenas e tenha alguma preocupação com os mais fracos. Aliás, a sociedade anarcocapitalista é uma não sociedade. É evidente que os pais têm obrigações com os filhos. Em primeiro lugar, porque eles os colocaram no mundo. Em segundo lugar, porque o ser humano tem um senso inato de responsabilidade sobre os seus semelhantes, especialmente os mais pobres. Rejeitar isso, que é um fato observável, é fechar os olhos para a natureza humana – tanto quanto o comunista fecha os olhos ao acreditar que um país de dezenas de milhões de pessoas pode existir em paz e prosperar sem propriedade privada e sem liberdades individuais.

Um sistema em que cada pessoa busca apenas os seus interesses pode, em tese, ser mais próspero economicamente. Mas, com o tempo, os laços sociais se enfraquecem, as instituições e tradições perdem o sentido. Ao fim, o próprio progresso econômico tende a desaparecer.

Aliás, de forma geral, é justamente para fugir da anarquia que os homens se juntam para formar governos (nos casos em que os governos são formados por consenso, e não pela violência). Comunidades humanas precisam de regras – e dos meios devidos para aplicá-las. Como observou o pensador escocês John Locke no século XVIII, os governos geralmente nascem quando as pessoas percebem a necessidade de deixar o estado de natureza (em que não há autoridade) e formar um compacto social por meio do qual surgirá o Estado. Mas, mesmo antes dessa associação, já havia laços unindo esse grupo de pessoas. Como instituição, o Estado não é uma invenção artificial destinada a oprimir os homens, mas a mera consolidação daquilo que une uma comunidade naturalmente – solo, etnia, língua, princípios e costumes.

O regime sem Estado proposto por Murray Rothbard é interessante como uma provocação, mas fatalmente não pode ser transposto para a prática sem gerar mais opressão e destruir a própria liberdade que pretendia preservar.

Aqui, portanto, precisamos eliminar mais uma hipótese na busca pela forma de governo com mais potencial para reduzir a pobreza e a desigualdade. Se dar todo o poder ao Estado não nos auxiliará a combater o problema da pobreza e da desigualdade, abrir mão do Estado por completo tampouco nos deixará mais próximo do que desejamos. O governo é, sim, necessário, e a importância da estrutura estatal vai além do mero aspecto econômico.

É preciso pensar um pouco mais. ∎

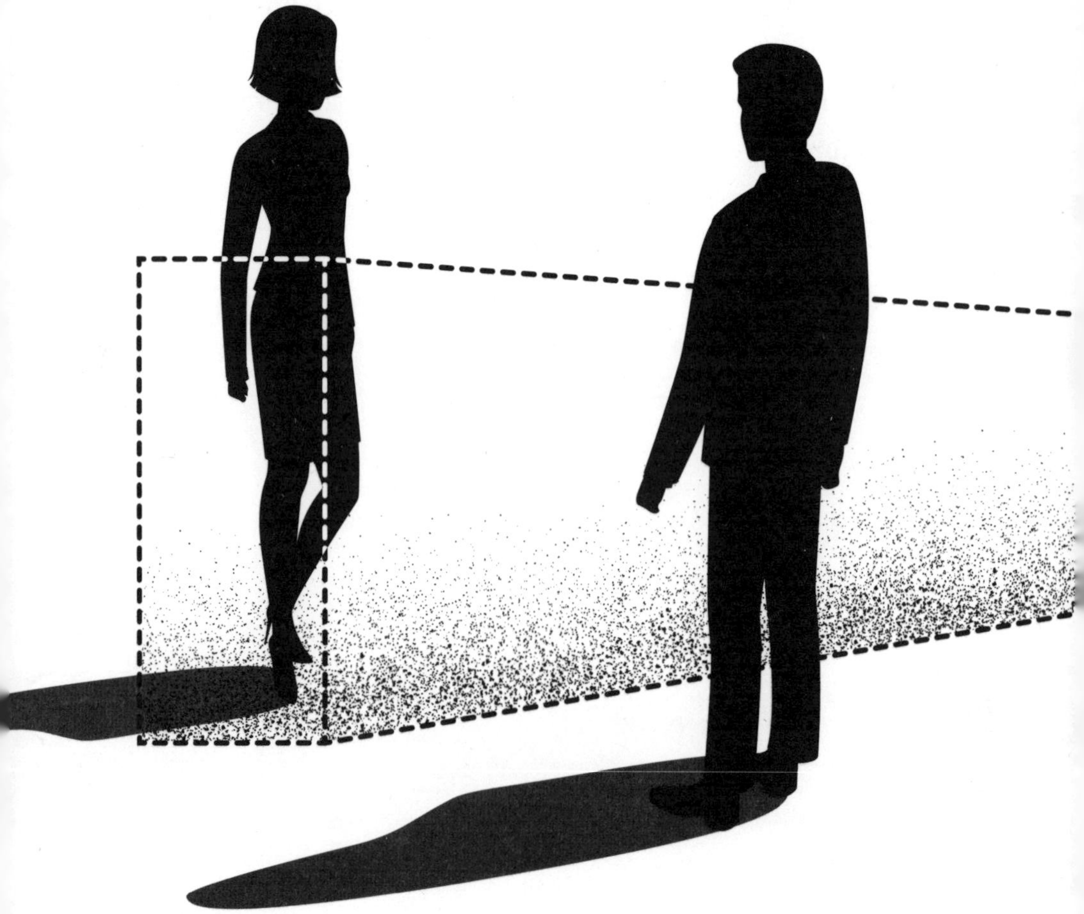

O REGIME EM QUE O ESTADO É QUASE INVISÍVEL

No capítulo anterior, chegamos à conclusão de que uma sociedade movida apenas pelas trocas comerciais, sem Estado, não parece ser viável ou desejável. Mas talvez seja o caso de, ignorando radicais como Murray Rothbard e suas teorias estranhas de pais que abandonam os filhos, levar a sério uma hipótese mais popular do que o anarcocapitalismo: a de que o governo deveria se limitar a proteger a vida e a propriedade privada.

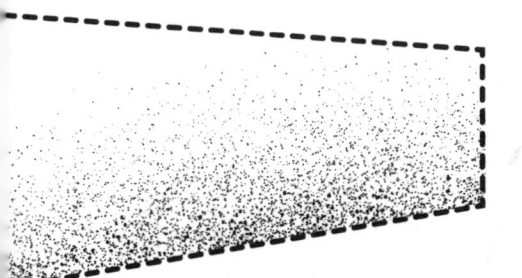

Depois de vermos todo o mal causado pelos sistemas anteriores, essa parece uma opção muito superior. E é. Se o problema do comunismo e do socialismo é destruir as liberdades individuais em nome de uma busca (inviável) pela igualdade, o problema do anarcocapitalismo é a falta de uma âncora para estabilizar as relações sociais e impedir o conflito entre facções e grupos distintos. Portanto, o sistema que defende a existência de um Estado com funções básicas parece resolver o problema.

Vamos chamar esse regime de minarquismo. O termo não é meu, e tem sido usado há décadas. A palavra é fruto da junção do termo "mínimo" com a palavra grega *arche* (regime). Os minarquistas defendem, literalmente, o Estado mínimo.

No minarquismo, boa parte dos princípios do anarcocapitalismo continuam válidos, e o grande critério para as relações humanas é o *princípio da não agressão*. Mas, agora, o Estado entra em cena. Sua função é simples: garantir os direitos "negativos". Desde que não prejudiquem terceiros, os indivíduos agem como bem entenderem. Se o seu vizinho invadir seu quintal, você pode chamar a polícia ou processá-lo. Para além disso, cada um que cuide de si. A educação, por exemplo, fica completamente por conta de entidades privadas, sem que haja nem mesmo parâmetros básicos nacionais.

Os minarquistas também acreditam que a assistência social não é assunto para o governo. Cada um deve trabalhar para obter o próprio sustento pelo seu esforço, assumindo todos os riscos e se beneficiando de todos os ganhos. Não existem direitos "positivos", como o direito à moradia ou à saúde. Para os minarquistas, estas são invenções usadas como justificativa para que o Estado viole os direitos individuais. Se alguém tem o direito à moradia, dizem os minarquistas, isso significa que algumas pessoas são, de alguma forma, obrigadas a fornecer moradia a terceiros – mesmo que seja indiretamente, por meio dos impostos. E, de acordo com os defensores do Estado mínimo, esta é uma coerção inaceitável.

Muitos minarquistas, aliás, são contra a própria ideia de que o governo pode exigir que as pessoas lhe paguem parte dos seus salários. Como alternativa, eles propõem um sistema voluntário de arrecadação de recursos. Parece inviável, mas de fato as igrejas têm se mantido assim há séculos.

A filósofa Ayn Rand foi uma das principais expoentes dessa corrente de pensamento. Depois de experimentar o terror soviético em sua terra natal, ela emigrou para os Estados Unidos e se instalou por lá. Ayn Rand acabaria por criar uma corrente chamada de objetivismo, que defende o egoísmo sem subterfúgios. Mesmo.

Escreveu ela:

> Por exemplo, objetivistas com frequência vão ouvir perguntas como "O que vai ser feito a respeito dos pobres ou dos deficientes em uma sociedade livre?". A premissa altruísta-coletivista, implícita na pergunta, é a de que homens são cuidadores uns dos outros e que os infortúnios de alguns são uma dívida para outros.[22]

Se não ficou claro, a resposta de Ayn Rand é: não, os homens não têm qualquer obrigação moral de ajudar uns aos outros. Novamente nas palavras dela: "O altruísmo reduz a capacidade dos homens de compreender o conceito de direitos ou o valor de uma vida individual: ele revela uma mente da qual a realidade de um ser humano foi apagada".

Para Ayn Rand, tudo deve ser baseado no consentimento explícito – não apenas no consentimento genérico sobre a formação do governo, mas um consentimento em cada ato do governo que de alguma forma afeta a nossa liberdade. Até os impostos não seriam impostos, mas contribuições voluntárias.

Os defensores do minarquismo acreditam que, fora as funções mínimas de justiça e segurança, o Estado não deve atuar. É preciso que as pessoas sejam livres para prosperarem de acordo com o próprio mérito, eles dizem. Em suas obras, Ayn Rand

---

22. Ayn Rand, *The Virtue of Selfishness*. [S.l.]: Signet, 1963.

exalta a figura do empreendedor. É ele quem, correndo riscos, promove o progresso – não por preocupação com o "social", mas por buscar o próprio interesse. Afirma Rand:

> O grande mérito do capitalismo é sua singular adequação aos requerimentos da sobrevivência humana e da necessidade humana de crescer. Deixando os homens livres para pensar, agir, produzir, tentar o que nunca foi tentado, o novo, seus princípios operam de uma forma que recompensa o esforço e a conquista e pune a passividade.[23]

Mas essa tese tem um problema: superestimar a meritocracia.

É importante que haja uma correlação direta entre o mérito do trabalhador ou empreendedor, de um lado, e o pagamento recebido por ele, de outro. Em uma economia livre, o próprio mercado trata de oferecer essa condição. Quando o Estado interfere indevidamente, essa cadeia de incentivos que leva os seres humanos a empreender e inovar fica enfraquecida. Mas a verdade é que nem tudo é fruto do mérito. Apesar de ser um fator decisivo no sucesso econômico de alguém, ele está longe de ser o único.

Uma das questões mais complexas da economia é a que lida com os motivos para o fracasso de uns e o sucesso de outros. Se não tivesse sido descoberto por um "olheiro" em um jogo amador num vilarejo perdido no interior do Rio de Janeiro, Garrincha talvez nunca tivesse sido jogador profissional. Ao mesmo tempo, há muitas pessoas de talento mediano que acabaram em posições de sucesso por causa de circunstâncias imprevistas.

---

23. Ibidem.

O simples acaso parece ter uma parcela importante de influência no sucesso ou no fracasso profissional. A minha esposa conseguiu o primeiro emprego porque a irmã dela encontrou um filhote de gato abandonado em uma rua de Brasília. Explico: sem tempo para cuidar do animalzinho, minha cunhada perguntou se poderíamos deixá-lo em nosso apartamento até que achássemos alguém para adotá-lo. E assim se fez. Certo dia, providenciamos alguns jornais para serem usados como banheiro pelo gato. E foi lá, no caderno de classificados, que notamos por acaso um anúncio de uma vaga que batia exatamente com as pretensões da minha mulher, uma engenheira agrônoma que acabara de se formar na faculdade. Ela ligou para o número anunciado, fez uma entrevista e pronto: estava empregada.

Bill Gates revolucionou o mercado de computadores ao desenvolver o sistema operacional Windows. Agora suponha um cientista da computação que tenha, por acaso, tido exatamente a mesma ideia de Bill Gates, mas com duas semanas de atraso. Suponha que as duas semanas de atraso tenham ocorrido porque a mãe desse cientista precisou ficar hospitalizada depois de contrair uma gripe que evoluiu para uma pneumonia. Quando o sujeito conseguiu concluir a elaboração do seu produto, Bill Gates já havia tomado a dianteira. Ambos tiveram a mesma ideia ao mesmo tempo e agiram com a mesma engenhosidade. No entanto, apenas um deles levou o prêmio máximo. O fato de Bill Gates ter alcançado rapidamente uma renda de 1 milhão de dólares por ano enquanto seu competidor azarado continuava na casa dos 50 mil dólares anuais não explica a diferença de talento e engenhosidade dos dois. Bill Gates não é vinte vezes mais talentoso do que nosso amigo imaginário: foi apenas vinte vezes mais sortudo. Os rendimentos financeiros, portanto, nem sempre refletem adequadamente a habilidade ou o esforço dos indivíduos.

Eis a conclusão a que chegou a prestigiosa revista *Scientific American*, depois de analisar diversos estudos acadêmicos sobre o peso da sorte no sucesso profissional:

> Em geral, pessoas medíocres mas sortudas foram mais bem-sucedidas do que as pessoas mais talentosas mas sem sorte. Os agentes mais bem-sucedidos geralmente foram aqueles que estavam apenas ligeiramente acima da média no quesito talento, mas que tinham uma grande dose de sorte em suas vidas.[24]

O economista Daniel Kahneman, ganhador do prêmio Nobel, também estudou o fenômeno. Ele investigou qual é a influência de um CEO no desempenho de uma grande empresa. A conclusão foi a de que contar com um CEO talentoso em vez de um medíocre tem, sim, influência sobre o resultado final. Mas o efeito é muito menor do que as revistas e livros de negócios querem fazer as pessoas acreditarem. Favorecimento do chefe, aparência, doenças e ônibus atrasados influenciam carreiras – e, portanto, o desempenho financeiro – de bilhões de pessoas mundo afora, diariamente. O mérito continua sendo essencial. Mas não explica tudo.

Também é importante lembrar, ninguém nasce no vácuo: cada ser humano que vem ao mundo depende de outras pessoas, sem as quais ele não sobreviveria. Além dos nossos pais, temos uma dívida com as pessoas que nos educaram e instruíram.

---

24. Scott Barry Kaufman, The Role of Luck in Life Success Is Far Greater Than We Realized. *Scientific American*, 1 mar. 2018. Disponível em: https://blogs.scientificamerican.com/beautiful-minds/the-role-of-luck-in-life-success-is-far-greater-than-we-realized/. Acesso em: 23 maio 2021.

A escola em que estudamos, o hospital em que nascemos, o carro em que andamos – tudo isso é fruto do trabalho e do empenho de terceiros. Nenhum indivíduo se torna bilionário puramente pelo próprio esforço individual. Ao atribuir um peso excessivo à figura do indivíduo, os minarquistas cometem um erro semelhante ao dos anarcocapitalistas.

Outro problema do minarquismo é que ele não tem uma solução para eventuais falhas do livre mercado, como a formação de monopólios. A competição é um elemento essencial da liberdade econômica porque aumenta a qualidade do atendimento e diminui o preço dos bens e serviços. Mas, no mundo ideal de Ayn Rand, os monopólios precisariam resolver-se por si próprios. O resultado é que, potencialmente, o regime que preza pela liberdade individual acaba levando a um regime de menos liberdade.

Além disso, não parece razoável que o Estado não tenha a atribuição de atuar em casos emergenciais. Por exemplo: a pandemia de coronavírus exigiu uma resposta ágil dos governos mundo afora. E, certamente, a chegada de um vírus mortal que se espalha rapidamente não estava nos planos das pessoas. Tampouco o coronavírus tem a ver com mérito: a doença chegou ao Brasil depois de, ao que tudo indica, se originar na China. Os brasileiros não têm culpa da tragédia, e seria objetivamente injusto deixar que as pessoas perdessem seus empregos e suas rendas sem agir.

Limitar o Estado à segurança e justiça pode, em princípio, gerar mais prosperidade simplesmente porque os impostos serão menores e haverá menos entraves ao empreendedorismo. Mas essa é uma visão limitada: no médio e longo prazo, um país próspero precisa de mais do que impostos baixos e um orçamento sob controle: precisa de um regime estável, de segurança diante dos infortúnios e de incentivos à competição entre as empresas. O minarquismo compreende, adequadamente, que a liberdade é o melhor caminho para a prosperidade – mas falha ao incentivar uma visão de mundo egoísta e autocentrada.

Pelo menos podemos dizer que, assim como Murray Rothbard, Ayn Rand é sincera. Ela vê o egoísmo como virtude e a humildade como fraqueza. "O orgulho precisa ser conquistado; ele é a recompensa do esforço e da realização; mas para obter a virtude da humildade, é preciso apenas se abster de pensar",[25] ela escreveu.

A esta altura, deve ter ficado claro que, se o comunismo e o socialismo de fato são autoritários por natureza, também é verdade que alguns dos defensores do livre mercado correspondem exatamente ao estereótipo que socialistas e comunistas têm deles: pessoas que exaltam o egoísmo e não demonstram qualquer preocupação genuína com os mais pobres.

De um lado, aspirantes a ditadores e seus delírios de controle social. De outro, pessoas que minimizam a importância da solidariedade e agem como se não estivessem submetidas a um código moral que compele os seres humanos a praticarem o altruísmo.

Karl Marx, Mao Tsé-Tung, Murray Rothbard e Ayn Rand não têm a solução para os leitores deste livro. Nossa procura continua. ∎

---

25. Ayn Rand, op. cit.

O REGIME EM QUE O ESTADO AJUDA A TODOS

Até aqui, já vimos que o fim da propriedade privada e a socialização das riquezas não funcionam para combater a miséria e a desigualdade. Ao mesmo tempo, a total ausência do governo torna a vida em sociedade inviável. Um Estado que se restringisse a oferecer segurança e justiça não seria muito melhor.

Embora estejam em campos opostos, os coletivistas e os individualistas radicais que analisamos nos primeiros capítulos cometem o mesmo erro: eles partem do princípio de que a condição material é o único fator determinante para a realização humana. Tanto um quanto outro ignoram a existência de uma natureza moral mais profunda, intrínseca aos seres humanos. A solução está em algum lugar entre os dois extremos.

Nesse campo, uma proposta popular é a do sistema em que a propriedade privada continua existindo e recebe proteção legal, e em que os cidadãos têm o direito de receber salários, dividendos e lucros, desde que com uma contrapartida: o pagamento de impostos altos o bastante para bancar uma ampla rede de assistência social para os mais pobres.

Vamos chamar esse sistema de social-democracia.

É possível dizer, sem medo de errar, que o Brasil é uma social-democracia. A Constituição de 1988 e a legislação aprovada de lá para cá concederam uma ampla gama de benefícios aos trabalhadores, incluindo salário-mínimo, 13º, Sistema Único de Saúde, educação completamente gratuita da creche ao doutorado e leis trabalhistas que dificultam demissões.

No papel, parece um modo de vida muito mais atraente do que, digamos, o americano. Nos Estados Unidos, não há justiça trabalhista. Férias de trinta dias são uma raridade. O 13º salário inexiste. Empregados e patrões têm muito mais flexibilidade para negociar os termos do trabalho. E, ainda assim, não se tem notícia de filas de americanos querendo se mudar para o Brasil. Como um brasileiro morando temporariamente nos Estados Unidos, percebo como o mercado de trabalho aqui é mais vigoroso apesar da falta de regulação estatal. Ou talvez justamente por isso. Talvez porque as boas intenções nem sempre levam aos resultados desejados.

Em uma das minhas visitas recentes ao *drive-thru* do McDonald's, notei que havia algo a mais no pacote. Além dos sanduíches e das batatas fritas, a atendente incluiu um panfleto sobre as oportunidades de trabalho na empresa. Não sei se naquele dia a loja decidiu distribuir o anúncio a todos os clientes ou se, ao notar que meu carro havia atingido a terceira idade dos carros, ela se compadeceu de mim. O fato é que, na região onde moro, os anúncios de emprego nas lanchonetes de *fast food* são bastante chamativos. Enquanto espera por seu lanche, o cliente geralmente se depara com placas que dizem "Estamos Contratando" ou "Trabalhe Conosco". O salário anunciado fica em torno dos 11 ou 12 dólares para os funcionários iniciantes – o que é pouco para a média local (por isso a campanha agressiva de divulgação das vagas, que também inclui ofertas de bolsas de estudo em faculdades). Em boa parte dos casos, esses postos são ocupados por adolescentes em seu primeiro emprego.

Trabalhar na cozinha de um restaurante de *fast food* não é o sonho dos jovens americanos. O contracheque no fim do mês é um dos mais baixos entre todas as profissões. Acontece que o salário-mínimo nos Estados Unidos é de 7,25 dólares por hora. E o fato de empresas como o McDonald's pagarem 50% a mais do que o mínimo obrigatório é suficiente para colocar em xeque a teoria de que, se o governo não obrigar os empresários a pagar um salário decente, eles nunca farão isso. Não que o McDonald's seja uma instituição de caridade: como em qualquer empresa, o objetivo é obter lucros. Mas (e esta é uma das verdades mais interessantes sobre a cooperação humana) diferentes pessoas, cada uma buscando em primeiro lugar seu próprio interesse, podem muito bem acabar ajudando umas às outras.

O McDonald's paga acima do salário-mínimo não por pura benevolência – se o fizesse, teria de cobrar preços maiores, perderia mercado para os concorrentes e provavelmente precisaria demitir funcionários. O McDonald's paga acima do salário-mínimo porque o salário-mínimo não é o salário-mínimo.

Explico: o salário-mínimo decidido pelo governo, seja ele qual for, é um fruto da imaginação de políticos e funcionários públicos – que, aliás, pouco entendem de produtividade, já que têm estabilidade de emprego e recebem o mesmo valor no fim do mês independentemente da qualidade do serviço prestado. O salário-mínimo real é o menor salário que alguém aceitaria para trabalhar. E isso significa que, aparentemente, o salário-mínimo real em boa parte dos Estados Unidos está em torno de 10 ou 11 dólares por hora. Se oferecesse 7,25 dólares, o McDonald's teria muitas dificuldades de continuar em funcionamento. Na prática, o salário-mínimo oficial (que não é reajustado desde 2009) se tornou irrelevante.

Esta parte é relativamente simples: se o salário-mínimo oficial é muito baixo, as empresas vão naturalmente pagar um valor maior a seus funcionários. Mas e quando acontece o contrário? E quando o salário-mínimo estabelecido pelo governo é acima do salário-mínimo real?

Imagine, por exemplo, que o Congresso americano aprove uma lei aumentando o salário-mínimo para 15 dólares por hora (o que, no momento em que escrevo, é uma proposta real defendida por membros do Partido Democrata). O McDonald's, evidentemente, já não poderia oferecer os 11 ou 12 dólares para seus jovens funcionários. O custo da mão de obra deles aumentaria cerca de 40% de uma vez. Mas o problema não para aí: imagine que o gerente da loja receba hoje 15 dólares por hora. Com a elevação do salário-mínimo, ele terá de receber um aumento – afinal, não faz sentido que, com uma responsabilidade maior, ele ganhe tanto quanto seu subordinado menos experiente. Digamos que o gerente passe a receber 18 dólares por hora. Aqui surge outra consequência. Suponha, por exemplo, que a farmácia vizinha esteja pagando 16 dólares por hora aos seus funcionários iniciantes. Se o salário-mínimo passa de 7,25 para 15 dólares a hora, ela não será afetada. Certo? Errado. Agora, é possível ganhar 18 dólares trabalhando como gerente do McDonald's a um quarteirão dali (e ainda comer um hambúrguer de graça por dia). Se o gerente da farmácia ganhava 17 dólares por hora, ele ficará tentado a trocar seu emprego pelo de gerente na rede de *fast food*. No fim, o dono da farmácia vai ser forçado a também aumentar o salário de seus funcionários.

No fim das contas, a imposição de um salário-mínimo pelo governo aumenta os custos em todo o setor privado. Mas nenhuma dessas empresas ficou mais rica com a decisão dos burocratas. Como as despesas adicionais precisam sair de algum lugar (e, num regime de competição, as margens de lucro já são bastante estreitas), esse aumento de custos necessariamente levará a um aumento nos preços para o consumidor em praticamente todos os setores da economia. O nome disso é inflação.

A inflação, por sua vez, prejudica sobretudo os mais pobres – por exemplo, os fritadores de hambúrgueres do McDonald's. Como o efeito do aumento do salário-mínimo se propaga por toda a economia, outros itens também se tornarão mais caros. Agora, esses trabalhadores passarão a receber 15 dólares em vez de 11 ou 12 – mas, ao mesmo tempo, os 15 dólares já não compram o que 15 dólares compravam antes.

E essa é apenas uma consequência negativa do aumento artificial do salário-mínimo. Outra, ainda mais grave, é o aumento do desemprego. E não é difícil entender por quê.

Imagine, por exemplo, a dona de um pequeno salão de manicure no interior da Bahia. Ela trabalha sozinha, mas quer expandir seu negócio e, para isso, precisa contratar uma segunda manicure. Agora suponha que essa nova funcionária consiga atender cem clientes por mês, e que cada serviço traga um retorno de 10 reais, descontado o custo dos produtos, da energia elétrica e do consumo de água. Isso significa que essa nova funcionária geraria uma receita adicional de 1.000 reais para o salão. Problema: o salário-mínimo estabelecido por lei no Brasil é de 1.100 reais. Se resolver contratar a funcionária, a dona do salão passará a perder 100 reais por mês. Então, ela simplesmente deixa de contratar. Com isso, perde a dona do salão, que não terá a oportunidade de expandir seu negócio, perde a manicure que seria contratada (e agora continuará desempregada) e perdem as clientes, que terão de esperar mais para serem atendidas.

Como é possível que uma lei desenhada para ajudar as pessoas acabe atrapalhando todas ao mesmo tempo? É que, entre a intenção dos políticos e o mundo real, existe um abismo. Os economistas batizaram esse fenômeno de "Lei das Consequências Não Intencionais". Vamos chamá-la de LdCNI. A LdCNI estabelece que toda ação governamental gera resultados não desejados, muitas vezes contrários à intenção original. Esta é a principal razão para os resultados frustrantes de políticas social-democratas: junto com cada ideia bem-intencionada, vêm consequências não previstas. Isso não quer dizer que essas consequências são sempre imprevisíveis. Muitas vezes, elas foram simplesmente ignoradas pelos políticos e gestores públicos.

Quando estabelece que empresários e funcionários não podem decidir livremente o valor a ser pago pela hora de trabalho, o Estado alega estar auxiliando o trabalhador. Mas o efeito é exatamente o oposto. Na prática, a definição de um salário-mínimo por lei é uma proibição, porque pessoas cuja força de trabalho seja pouco produtiva estão impedidas de trabalhar. E isso atinge justamente as pessoas menos experientes ou em busca do primeiro emprego – em outras palavras, os profissionais mais jovens que não tiveram acesso a uma educação de qualidade. Muitas dessas pessoas estariam dispostas a trabalhar por menos de 1.100 reais – seja porque precisam do dinheiro com urgência, seja porque gostariam de obter a experiência profissional necessária para chegar a patamares mais altos. Mas os burocratas fecharam essa porta.

É inaceitável que, no ano de 2021, gestores públicos ignorem, ou finjam ignorar, a existência da LdCNI. Aliás, a lista de pessoas que entendem mais de economia que os políticos é longa.

No estado americano da Flórida, por exemplo, um caso prosaico serve para ilustrar o problema de que estamos falando. A moda dos animais exóticos ganhou força, e muitas pessoas acharam que seria uma boa ideia adquirir uma cobra píton. Nem todas repararam que o animal, quando adulto, pode chegar a 7 metros de comprimento. Assustadas, algumas pessoas começaram a soltar os animais na natureza. Em pouco tempo, milhares de pítons ocuparam os Everglades, uma espécie de pantanal no sul do estado. Os órgãos locais, com o objetivo de controlar a superpopulação, passaram a oferecer uma gorda recompensa em dinheiro para os moradores que capturassem as cobras e as levassem para o órgão pertinente. Mas não demorou muito para que algumas pessoas percebessem que o valor oferecido era tão alto que valia a pena comprar o animal em um *pet shop* e entregá-lo ao governo em troca da recompensa. Ao aumentar a demanda comercial por esses animais, esses compradores enviaram um sinal ao mercado: a demanda por cobras píton estava em alta na Flórida. Como consequência, a oferta aumentou e, indiretamente, aumentaram as chances de um adolescente desocupado, em um passeio pelo shopping, se deparar com uma loja de *pet shop* exibindo uma píton à venda.

Outro exemplo: por causa da pandemia de coronavírus, o governo americano emitiu generosos cheques mensais de mais de 1.000 dólares para a maioria dos contribuintes, estivessem ou não empregados. Como um dos efeitos não planejados da medida, tornou-se muito difícil encontrar funcionários para vagas de trabalho com salários menores. Perto da minha casa, no Michigan, um restaurante da rede Taco Bell teve de fechar as portas temporariamente por falta de empregados durante a pandemia. Empresas que precisam de motoristas de ônibus passaram a financiar o treinamento completo e o exame para a carteira de habilitação apropriada – não era preciso ter experiência prévia.

O salário-mínimo nos Estados Unidos surgiu, em grande medida, por causa do preconceito racial. Ao elevar o valor estabelecido por lei, grupos racistas queriam barrar o acesso ao mercado de trabalho de negros e imigrantes que, por terem uma condição econômica menos favorável, aceitariam trabalhar inicialmente por um salário menor do que os brancos americanos – o que, eles temiam, iria reduzir o valor médio do salário para todos. A solução foi implementar um piso artificial, imposto por lei. Assim, o salário-mínimo, em vez de elevar os rendimentos da população mais pobre, foi usado para mantê-la afastada do mercado de trabalho. Argumentos semelhantes foram usados na Nova Zelândia, o primeiro país a adotar um piso nacional. Ou seja: o salário-mínimo, desde o início, nunca foi uma forma de aumentar a renda dos mais pobres. Sempre foi uma ferramenta para proteger o privilégio daqueles que tiveram a sorte de ingressar no mercado de trabalho primeiro.

O Estado esbarra na LdCNI tanto quando define um preço máximo como quando decide estabelecer um preço mínimo – tanto faz se para bens ou para a prestação de serviços.

Por um lado, ao estabelecer um preço máximo, o governo tende a gerar escassez. Se um fabricante de goiabadas tem um custo de produção de 5 reais por lata, mas o governo não permite que a goiabada seja vendida por um preço maior do que 4,90 reais, a saída mais racional para o empresário é deixar de produzir (nesse cenário, quanto mais latas ele fabricar, mais dinheiro ele vai perder). O resultado natural é a escassez. Pergunte a um venezuelano a respeito.

Por outro lado, quando tenta criar um preço mínimo para algo (o caso do piso salarial), o Estado acaba por artificialmente coibir a atividade econômica. Alguns países já aprenderam a lição. Suécia, Finlândia e Dinamarca, três dos países mais prósperos do mundo, não possuem um salário-mínimo definido por lei – exatamente porque seus legisladores compreenderam que a melhor forma de assegurar o progresso econômico é deixar que os recursos sejam movimentados livremente, conforme a preferência e necessidade dos indivíduos.

Alguns estados americanos têm o próprio salário-mínimo, acima do valor nacional. No Michigan, onde vivo, o valor acaba de passar para 9,65 dólares. No estado vizinho de Indiana, vale a regra nacional de 7,25. Se os governantes tivessem o poder de elevar os salários por força de lei, seria de se esperar que a renda média do Michigan fosse notavelmente maior. Mas não é isso que ocorre. O salário médio é praticamente idêntico, e Indiana tem uma taxa de pobreza ligeiramente menor. Mais do que isso: ao fim de 2019, antes da pandemia de covid-19, a taxa de desemprego de Indiana era de 3,2%, contra 4,1% do Michigan.

Em todo o país, apesar de o salário-mínimo federal não ser reajustado desde 2009, a economia manteve uma trajetória positiva. Entre 2009 e 2019, o desemprego nos Estados Unidos caiu de 10% para 4%. No mesmo período, a renda média dos americanos apresentou um crescimento constante, passando de aproximadamente 55 mil dólares para cerca de 68 mil dólares anuais por família.

No fim das contas, quem define o salário-mínimo no mundo real é o nível de prosperidade da economia, e isso está diretamente ligado ao grau de liberdade encontrado pelos indivíduos para produzir, comprar, vender, contratar e demitir.

Além disso, em um regime de livre mercado, a renda de um trabalhador também está relacionada à sua produtividade. E a produtividade depende da qualidade da formação da mão de obra. No caso da manicure, por exemplo, o valor gerado por ela para o salão seria de 1.000 reais caso ela não fosse capaz de aumentar significativamente o valor do serviço oferecido às clientes – ou o número de pessoas interessadas em ser atendidas pelo salão. Mas, caso ela tivesse feito um curso e aprendido uma técnica mais eficiente de tratar as unhas das clientes, seria possível aumentar a demanda pelo serviço e, assim, o preço cobrado pelo atendimento. Isso significa que o valor gerado pela manicure subiria, e, nesse caso, seria justo que ela recebesse um salário mais alto.

Esse debate praticamente não existe no Brasil, onde os políticos ainda parecem acreditar que um decreto estatal tem o poder mágico de aumentar o nível de renda dos trabalhadores (de onde, aliás, surge a pergunta: por que 1.100 reais, e não 11 mil ou 111 mil?) Pior: essa visão equivocada vai muito além da lei do salário-mínimo. Existem milhares de regulações trabalhistas, em diversos níveis de legislação, que aumentam os custos de produção, impedem as empresas de contratarem e travam o aumento da prosperidade dos brasileiros. Todas essas regulações têm, no papel, a intenção de proteger o trabalhador. Mas a intenção conta pouco em economia.

Por exemplo: não é possível contratar um engenheiro para trabalhar em tempo integral na cidade de São Paulo por menos de 9.900 reais. Esse é o valor estabelecido pelo Sindicato dos Engenheiros. O patrão que descumpre a regra está sujeito à ação implacável da Justiça do Trabalho. É a mesma lógica do salário-mínimo, mas, desta vez, a justificativa não é a defesa dos trabalhadores mais humildes. Trata-se de uma reserva de mercado pura e simples, com a chancela do Estado. Além de atrapalhar os engenheiros recém-formados, essa regra acaba prejudicando os pequenos empreendedores, porque empresas menores terão menos condições de contratar um engenheiro do que as grandes.

A imposição de pisos salariais por meio dos sindicatos não é muito diferente do cartel montado por postos de combustíveis, por exemplo, para subir artificialmente o preço da gasolina em uma determinada cidade.

Na minha própria categoria profissional houve um episódio revelador da mentalidade corporativista ainda tão comum no Brasil. No ano de 2009, quando eu estava na faculdade de jornalismo, o Supremo Tribunal Federal extinguiu a exigência do diploma de jornalismo para o exercício da profissão (longe de serem ardentes defensores da liberdade econômica, os ministros do STF se apegaram a uma questão técnica para derrubar a regra).

Quase que de forma unânime, os estudantes de jornalismo país afora indignaram-se.

E, quase sempre, pelo motivo errado. Existia um argumento razoável, embora eu discorde dele, de que o fim da obrigatoriedade do diploma reduziria a qualidade do serviço prestado em uma área essencial ao funcionamento da democracia. Mas o argumento mais comum entre os estudantes de jornalismo era outro: eles diziam que, com a nova regra, o diploma de nada valeria. Os jornais poderiam contratar qualquer semialfabetizado. Entre os alunos das universidades particulares, havia um agravante: além de quatro ou cinco anos de suas vidas, eles haviam investido uma quantia considerável de dinheiro para obter o diploma. E agora o STF ousava dizer que o diploma era inútil! Eu me lembro de ter pensado, à época: "Mas, se depois de quatro anos cursando jornalismo, você perder uma vaga de emprego para alguém sem qualificação, provavelmente há algo de errado com você – ou com o curso de jornalismo". É claro que existem casos de favorecimento indevido, mas em um mercado competitivo eles são a exceção, não a regra. No fundo, o que aquelas pessoas queriam era uma reserva de mercado com um carimbo do governo.

Mais de uma década depois, a imprensa profissional continua contratando majoritariamente jornalistas formados em jornalismo (embora eu às vezes me pergunte se alguns deles não deveriam voltar para a faculdade). A maior ironia é que, ao defender a regra que exigia o diploma de jornalismo para o exercício da profissão, meus colegas estavam defendendo um decreto baixado pelo regime militar em sua fase mais dura, no ano de 1969. Tudo em nome da proteção contra a concorrência.

A mesma lógica torta é aplicada em muitas outras categorias. Para atuar profissionalmente, um advogado precisa ser formado em direito e, além disso, passar no exame da OAB. Mas, se não houvesse essa exigência, será que alguém com um simples diploma de ensino médio conseguiria achar clientes e atuar como advogado? Quem gastaria dinheiro para contratar alguém completamente inepto?

Existem boas razões para o Estado impor regras sobre quem pode atuar como médico, por exemplo. Mas advogado, jornalista e contador são profissões que oferecem pouco risco à sociedade. A exigência do diploma é somente uma forma de proteger profissionais medíocres e inflar artificialmente o valor dos salários.

O pior dos mundos surge quando ideias equivocadas sobre o funcionamento da economia se aliam a interesses mesquinhos de classe.

Cerca de 150 quilômetros ao norte de onde moro, a cidade de Detroit é um monumento à ineficiência provocada pelo aumento artificial dos salários. Quarteirões inteiros da cidade estão vazios, com imóveis abandonados ou mato onde antes havia casas e lojas. É difícil acreditar que aquela já foi uma das cidades mais prósperas dos Estados Unidos.

Embora muitos fatores tenham levado a cidade à derrocada, o principal deles parece ser a opção, pela indústria automobilística, de buscar novos lugares, dentro ou fora do país, para sediar sua produção. E isso tem um motivo: o alto custo da mão de obra em Detroit.

No início da indústria do automóvel, a cidade crescia num ritmo vertiginoso. Ford, General Motors, Chevrolet, Pontiac, Chrysler, Cadillac, Buick, Dodge – todas essas companhias surgiram na região metropolitana de Detroit e lá mantinham suas fábricas. Nas primeiras décadas do século XX, praticamente 100% dos carros fabricados nos Estados Unidos saíam de lá. Era preciso ter muitos braços para manter as linhas de produção funcionando. E os sindicatos logo perceberam seu poder de barganha. Para não ter prejuízos irreparáveis com as greves, as companhias acabavam cedendo e elevando os salários dos trabalhadores muito acima de níveis razoáveis. Com o tempo, o que eram reivindicações corriqueiras se transformaram em chantagem direta, chancelada por políticos corruptos e demagogos. Gradualmente, as montadoras foram deixando Detroit e instalando suas fábricas em outros estados – ou em outros países, como o México.

O salário artificialmente inflado foi essencial para destruir a economia da região de Detroit, deixando dezenas de milhares de desempregados e gerando um efeito cascata devastador sobre a economia da cidade. Detroit, que tinha 1,8 milhão de habitantes em 1950, hoje tem 650 mil – e os níveis de pobreza e de violência são piores do que os das grandes cidades brasileiras.

Como esse caso deixa claro, benefícios de papel, como salário-mínimo, piso salarial e reserva de mercado, são ilusórios. Políticos não entendem ou, convenientemente, fingem não entender que a LdCNI é implacável: o governo não cria riqueza e, quando tenta melhorar a distribuição de recursos na economia, quase sempre gera novos problemas. Do fato de que seria desejável que os trabalhadores ganhassem salários maiores não segue que o governo pode obrigar as empresas a pagarem salários maiores.

Geralmente, em economia, as leis que funcionam não são aquelas promulgadas pelo Estado. A LdCNI é um bom exemplo.

Outra lei autoevidente é aquela segundo a qual os indivíduos tomam suas decisões levando em conta o custo-benefício. Se é mais rentável e seguro trabalhar como um burocrata do que empreender, o número de pessoas que prefere o serviço público tende a aumentar.

Nesse quesito, o Brasil faz tudo errado. O modelo adotado pela Constituição de 1988 (e iniciado ainda antes disso, durante o governo Getúlio Vargas) parte do pressuposto de que os patrões são agentes do mal, e de que não há salvação fora da benevolência do Estado. Essa concepção, quando encampada pelo próprio governo, tem consequências. O governo brasileiro é profissional em jogar dinheiro pelo ralo.

Como alguém criado na capital federal, presenciei muitos exemplos concretos desse desperdício disfarçado de "política social". Um deles: um amigo passou no vestibular para engenharia civil em uma universidade federal. Ele teria condições de pagar uma mensalidade, mas completou o curso em cinco anos sem depositar um centavo nos cofres públicos. O diploma não custa menos do que 200 mil reais ao governo. "Mas pelo menos agora o Brasil ganhou um engenheiro que contribuirá para o crescimento da economia ou a melhoria da infraestrutura", alguém pode argumentar. Em teoria, sim.

Mas, recém-formado e com uma boa capacidade intelectual, o novo engenheiro se viu diante de duas opções: aceitar um emprego de iniciante com um salário de aproximadamente 5 mil reais (sim, nada mal para a média brasileira) ou, como alternativa, prestar um concurso público – que nada tinha a ver com engenharia – para ganhar 15 mil. Sabendo que tinha boas chances de ingressar na carreira pública, ele escolheu o concurso e foi aprovado. Dali em diante, o contribuinte passou a bancar o salário do novo concursado, literalmente, até a morte dele – primeiro, como alguém que tem garantia legal de que não será demitido do trabalho e, depois, como aposentado. O engenheiro elétrico agora é um satisfeito analista em um órgão qualquer. O Estado gastou 200 mil reais para formar um engenheiro, mas ganhou outro burocrata. O engenheiro-funcionário público não fez nada de ilegal. Ele apenas reagiu racionalmente aos incentivos criados pelo Estado.

Não que o ensino tenha de ser completamente privado. É legítimo que o Estado mantenha suas próprias universidades – talvez haja cursos importantes que não são devidamente supridos pelo mercado, por exemplo. Mas não necessariamente o ensino público deve ser gratuito para todos os alunos. Voltando ao exemplo do engenheiro: vindo de uma família de classe média, ele cursou uma escola particular que, em valores atualizados, custava cerca de 1.500 reais por mês. Seria justo que as pessoas mais abastadas tivessem de contribuir com o sistema educacional na proporção em que se beneficiam dele. Essa é a regra em boa parte da Europa e também nos Estados Unidos.

Como o leitor pode suspeitar, o professor da universidade pública não trabalha de graça. Tampouco trabalham de graça a secretária, o vigia, o faxineiro. Alguém precisa pagar os salários deles. O Estado o fará. Mas, como o aluno rico não contribui financeiramente, o dinheiro precisa vir completamente dos impostos. E os impostos, no Brasil, são proporcionalmente mais pesados para os mais pobres. Isso significa que, embora a família do meu amigo tivesse condições de pagar uma mensalidade de pelo menos 1.500 reais (o valor que eles gastavam para mantê-lo no ensino médio), acabou pagando, relativamente, menos do que o motorista de ônibus que mora no bairro de classe baixa e cujo filho não frequentará a universidade pública. Não parece justo.

Outro exemplo de que nem sempre as boas intenções dão resultado é o 13º salário. No papel, é interessante que os trabalhadores tenham um vencimento a mais. Por que não? Acontece que o orçamento das empresas é planejado anualmente. Como é impossível que um trabalhador trabalhe treze meses por ano, o que acontece é que o valor dos outros doze meses perde 8,25% para ser incorporado ao 13º salário. Um funcionário que receberia, por exemplo, 2 mil reais por mês (24 mil por ano) passa a receber 1.846. Se ele recebesse quinze salários por ano, o valor mensal seria de 1.600 reais. Na soma total, o custo é o mesmo. Dividir uma pizza de oito pedaços em nove ou dez lhe dará mais pedaços, mas exatamente a mesma quantidade de pizza. Boa parte dos políticos sabe disso. Mas, pressionados pelo populismo, eles preferem fingir que leis arbitrárias têm o poder de criar riqueza magicamente.

Em vez de tomar a fábrica dos milionários, ou de taxar 100% dos seus lucros, a social-democracia utiliza uma taxação alta (geralmente, cada vez mais alta) para remediar os problemas da sociedade. No entanto, ao defenderem impostos cada vez mais altos para dar conta das demandas cada vez maiores da população, muitos social-democratas perdem a mão. Eles se esquecem de que o ato de aumentar a taxação também altera o comportamento do mercado e inibe a geração de riquezas, o que, por sua vez, afeta negativamente a própria arrecadação e, assim, dificulta a assistência aos mais pobres.

Suponha, grosso modo, que uma empresa fature atualmente 1 milhão de reais por ano, pagando 20% de imposto sobre esse valor. O imposto a ser pago é de 200 mil reais. Quanto, então, essa empresa pagará de imposto no ano que vem, se o faturamento for idêntico e o imposto passar para 30%? A resposta não necessariamente será 300 mil reais. A taxação adicional forçará a companhia a rever investimentos e mudar sua estratégia para continuar maximizando os seus retornos – isso sem considerar a possibilidade de sonegação.

Quando a França aprovou um imposto elevado sobre grandes fortunas, por exemplo, milionários como o ator Gerard Depardieu simplesmente encontraram outro país onde morar. Algo semelhante tem acontecido com a Califórnia. Várias empresas têm se mudado de lá em busca de estados mais favoráveis à livre iniciativa. A última grande companhia a deixar a Califórnia foi a Tesla, que agora tem sua sede no Texas.

Com frequência, os benefícios sociais acabam enfraquecendo justamente as instituições que normalmente funcionam como uma salvaguarda contra a pobreza. Em 1993, ao sancionar uma lei que modificava radicalmente o sistema de assistência social nos Estados Unidos, o então presidente Bill Clinton afirmou: "Há muito tempo eu concluí que o atual sistema de assistência social mina os valores básicos do trabalho, da responsabilidade e da família, aprisionando na dependência geração após geração e prejudicando justamente as pessoas que deveria ajudar". Uma das falhas era o fato de que as mães solteiras ganhavam uma espécie de "Bolsa-Família" superior ao das casadas. Até faria sentido: sem o marido em casa, elas provavelmente precisavam de mais dinheiro. Mas a consequência não intencional apareceu. Muitas mulheres deixaram de se casar ou simplesmente se livraram do marido na primeira oportunidade. A maior vítima desse fenômeno foram os filhos. Com menos lares estáveis, mais jovens caíram nos tentáculos do crime, abandonaram a escola ou passaram a usar drogas. Ou seja: mais jovens passaram a criar gastos para o Estado. Foram precisos muitos anos até que os resultados dessa política ficassem evidentes. Por motivos parecidos, testemunhei um fenômeno muito comum em bolsões de pobreza do Nordeste após a formação do Bolsa-Família: como o programa beneficiava apenas quem possuía uma renda abaixo de um certo valor, muitas pessoas abriam mão de ofertas de emprego – ou pelo menos mantinham-se sem carteira assinada, na informalidade – para não correr o risco de perder uma fonte estável de recursos. Assim, elas se mantinham dependentes do Estado.

Os exemplos acima não significam que o governo nunca deva agir no campo econômico. Mas significam que os gestores públicos não podem simplesmente ignorar as consequências secundárias de suas políticas. Por vezes, o Estado não acaba com o problema que pretendia resolver – e ainda cria outro. E, para resolver o outro, geralmente os políticos vão inventar um programa de governo ainda mais complexo. Mas isso exige mais recursos e, portanto, é preciso aumentar a arrecadação, o que prejudica a prosperidade e a geração de empregos.

Esta talvez seja uma boa hora de apresentar o leitor à Lei de Parkinson. Elaborada pelo economista Cyril Parkinson, ela afirma que estruturas burocráticas tendem a crescer "naturalmente", mesmo que o trabalho a ser feito não aumente. Brasília é um bom exemplo: o governo federal tem um excesso de funcionários públicos em comparação com outros países, e a indústria dos "concurseiros" nunca entra em crise. Apesar de não ter grandes indústrias e de não ser a sede de grandes bancos, o Distrito Federal tem a renda *per capita* mais alta do país entre as unidades da federação. Os dados oficiais mostram que, lá, o vencimento médio é 30% acima do registrado no estado de São Paulo, o segundo da lista. A explicação está nos altos salários pagos aos funcionários públicos, que, com estabilidade garantida e salário fixo, não têm incentivos para melhorarem seu desempenho. A situação se repete, em menor escala, nas capitais estaduais país afora. O servidor público recebe, em média, o dobro do trabalhador da inciativa privada (recebe o dobro trabalhando a metade, dirão alguns, maldosamente).[26] Por vezes, a discrepância de salários é enorme, mesmo para funções idênticas. A redistribuição de renda pelas mãos do Estado é ineficiente porque boa parte do dinheiro fica com os intermediários. Mesmo quando não há corrupção, o custo da máquina da administração pública é muito alto no país.

De cada 10 reais gastos pelo governo federal, 4 reais vão para a Previdência e 2 reais para o pagamento do funcionalismo público. E, embora grande parte da revolta popular se destine aos políticos, a verdade é que o salário deles tem um impacto modesto sobre o orçamento. O maior peso vem dos mais de 600 mil servidores públicos federais.

---

26. Adriana Fernandes e Idiana Tomazelli, Servidor público federal ganha, em média, o dobro da iniciativa privada, revela estudo. *O Estado de S. Paulo*, 9 out. 2019. Disponível em: https://economia.estadao.com.br/noticias/geral,servidor-publico-federal-ganha-em-media-o-dobro-da-iniciativa-privada-revela-estudo,70003042727. Acesso em: 17 maio 2021.

O avô da minha esposa trabalhou como motorista na Câmara dos Deputados. O salário dele sempre foi muito confortável – muito acima do que um motorista ganharia em qualquer empresa privada. Quando ele se aposentou, manteve os altos vencimentos – pagos, em parte, pelo contribuinte. Nem mesmo quando ele morreu os cofres públicos deixaram de gastar com ele. Apesar de ele ter ficado viúvo muitos anos antes, sua última empregada doméstica acionou a justiça pedindo que herdasse uma pensão por ter vivido maritalmente com ele. A justiça aceitou. Agora, a ex-empregada, que nunca foi casada com ele, ganhou uma generosa pensão graças à "benevolência" do sistema público brasileiro.

Quanto a Câmara teria economizado se tivesse pagado um valor de mercado, sem privilégios, ao motorista? Quantas histórias semelhantes acontecem no serviço público brasileiro?

A coletivização forçada leva ao autoritarismo, e a divisão da riqueza de forma completamente equânime não passa de uma utopia. O modelo social-democrata tem o grande mérito de manter em funcionamento o regime representativo, com eleições diretas, separação de poderes e liberdade de expressão. E este é um aspecto fundamental da realização humana que grande parte dos comunistas e socialistas simplesmente deixou de notar: o ser humano não vive exclusivamente em função de coisas materiais. É interessante ter um salário maior, mas a maioria absoluta das pessoas jamais abriria mão de suas liberdades e da inviolabilidade de sua vida familiar, religiosa e social em troca de um bom salário garantido no fim do mês (levando em conta que o comunismo e o socialismo de fato pudessem oferecer isso).

Não por acaso, boa parte dos antigos partidos comunistas e socialistas europeus se converteram em social-democratas ao longo do tempo. Não deixa de ser uma evolução digna de nota. Mas, se nosso objetivo é encontrar a melhor solução possível para o problema da pobreza e da desigualdade, é preciso ir além da social-democracia e sua lista infindável de direitos imaginários que acabam por prejudicar os mais pobres.

Apesar dos benefícios propalados pelo Estado social-democrata, chegamos a um dilema que ele não consegue resolver: o Estado só pode funcionar bem se a sociedade for formada por pessoas capazes de se autogovernarem. Mas o Estado não consegue fabricar esse tipo de cidadão. Em boa parte das vezes em que um governo social-democrata age para corrigir um problema, ele acaba criando outro. O governo até pode ser capaz de melhorar as condições de vida da população no curto prazo. Mas, no longo prazo, um povo altivo e próspero só surge quando o Estado abandona sua pretensão de conduzir a vida das pessoas e começa a permitir que a sociedade floresça naturalmente. Isso nos leva à última escala da nossa jornada. ∎

A SOLUÇÃO:
O ESTADO EFICAZ

Já aprendemos que o ser humano não é completamente isolado dos demais, e que não é verdade que ele se preocupa apenas consigo mesmo. Por outro lado, descobrimos que qualquer modelo econômico ou de governo que ignore o cuidado do indivíduo consigo mesmo está fadado a fracassar. Não somos 7 bilhões e meio de ilhas, nem somos partes idênticas de um mesmo oceano, intercambiáveis e indistinguíveis umas das outras. O ser humano atinge o seu potencial em meio à sua comunidade, sua família, e isso exige cooperação. Mas a cooperação não depende do Estado e, com frequência, quando é obrigatória, deixa de ser cooperação.

Neste ponto, chegamos a uma encruzilhada. Sabemos que a existência de bilionários e miseráveis no mesmo planeta, no mesmo país – na mesma cidade – fere o nosso senso básico de justiça, e que isso não pode ser escondido por teoremas econômicos. Ao mesmo tempo, vimos que algumas das soluções que soam promissoras no papel acabam piorando o problema na prática. É aqui que surge a tentação do cinismo: alguns concluem que, se nada funciona, devemos pelo menos usar a violência para punir os ricos e fazer com que eles, pela primeira vez, ocupem o lugar dos pobres e vice-versa. Outros concluem que, se não existe solução perfeita, o que nos resta é agir cada um por si, abandonando a própria ideia de bem comum, da qual o governo é uma consequência. Muitos liberais e conservadores, aliás, gostam de citar uma frase do discurso de posse do presidente americano Ronald Reagan, em 1981. "O Estado não é a solução; o governo é o problema". Mas esta é uma versão sintética, e incompleta, da frase completa, que afirmava o seguinte: "Nesta presente crise, o governo não é a solução para o nosso problema; o governo é o problema". Reagan não pretendia abolir o Estado (o fato de ele ter concorrido à presidência talvez já devesse ser uma indicação suficientemente clara disso, não?), mas fazê-lo exercer um papel mais apropriado. A "presente crise" a que ele se referia era a fragilidade econômica que, segundo Reagan, causava uma inflação das mais altas da história, desemprego, impostos elevados e déficits no orçamento público. Reagan culpava a política de gastos públicos elevados que tivera início no governo de Franklin Roosevelt, nos anos 1930, e que se acentuara nas décadas seguintes – inclusive com Jimmy Carter, o presidente que antecedeu Reagan e que acabara de ser derrotado nas urnas. Mas o mesmo Reagan aumentou, por exemplo, as despesas com defesa nacional, como forma de forçar a bancarrota da União Soviética. Deu certo.

É preciso resistir ao cinismo que leva à indiferença e à violência. Como afirmou Aristóteles, a virtude está no meio. Isso não significa que a melhor política contra a pobreza e a desigualdade esteja exatamente no meio do caminho entre o livre mercado completo e o comunismo. Significa apenas que os modelos puros não são capazes de nos oferecer a solução que procuramos, e que mesmo valores desejáveis, como igualdade e liberdade, acabam distorcidos quando aumentados ao último grau, sem consideração por outros valores igualmente desejáveis.

Os cinco modelos apresentados até aqui neste livro falham porque partem de modelos abstratos para depois aplicá-los à vida real. Os dois primeiros se baseiam no pressuposto de que a atuação do Estado é o elemento mais importante da vida em sociedade, e que o Estado é quem deve decidir, de cima para baixo, sobre aquilo que as pessoas têm de mais importante: seu trabalho, sua moradia, sua família. O terceiro e o quarto também pecam pelo dogmatismo, embora do lado oposto: colocando a liberdade acima de qualquer outro princípio, acabam por revelar uma compreensão inadequada da natureza humana. Nós não somos movidos apenas pelo egoísmo. A social-democracia, por sua vez, se demonstrou incapaz de permitir o desenvolvimento de uma sociedade forte e resiliente. A cada programa criado com boas intenções, os governantes ignoram as muitas consequências indesejadas que podem surgir dali – entre elas, a formação de uma casta de burocratas cada vez mais rica.

Neste capítulo, vamos analisar aquilo que podemos chamar de "Estado eficaz". O princípio é simples: o Estado deve deixar que a sociedade floresça livremente para atingir todo o seu potencial – ao mesmo tempo que, onde houver lacunas e distorções, o governo tenha condições de atuar, sempre no sentido de aumentar a livre concorrência e promover a autossuficiência dos cidadãos. Essas interferências, preferencialmente, acontecerão de forma específica e temporária, em vez de universal e permanente.

O Estado eficaz difere do minarquismo porque não restringe a atuação do governo à segurança e à justiça. Os monopólios, por exemplo, podem exigir uma intervenção do Estado na economia para devolvê-la à livre competição, que traz mais benefícios à maior parte de pessoas. Também é razoável prever que outras áreas, como saúde e transporte, exijam algum tipo de regulação. O Estado eficaz também difere da social-democracia porque, em vez de assumir a função de organizador da sociedade, o poder público atua para manter as condições que permitem aos cidadãos encontrarem por si só, sempre que possível, as melhores soluções para os desafios que eles encontram no dia a dia.

Mas, sobretudo, o Estado eficaz reconhece que, entre o indivíduo e o governo, existem diferentes níveis de instituições. A família, a associação de bairro, a igreja, o clube, o sindicato, o jornal local e tantas outras organizações são frutos naturais da iniciativa de pessoas com interesses em comum. Essas organizações cumprem um papel fundamental na vida cotidiana. Se saudáveis, elas são capazes de suprir muitas das tarefas que, erroneamente, alguns teóricos acreditam ser responsabilidade única do Estado.

Antes de tudo, o Estado eficaz é uma democracia. Como a experiência demonstra, qualquer modelo que dependa de uma mudança repentina, de retirar "tudo isso que está aí", de guerrilhas ou de golpes militares não vale. E não apenas pelas óbvias violações aos direitos dos indivíduos. Existe um outro problema. Apenas em um regime democrático é possível adotar medidas reversíveis, testar programas de governo, adaptar as políticas conforme as circunstâncias se alteram, sem nunca perder a legitimidade popular. Modelos prontos, fabricados em laboratório, não permitem plano B. O *Manifesto Comunista*, por exemplo, não expressa dúvidas. Há apenas certezas. A certeza de que a História, com "H" maiúsculo, se move a favor de um domínio das classes trabalhadoras. A certeza de que é preciso fazer uma revolução para acelerar o desfecho desse processo. O dogmatismo ideológico (um pecado por vezes cometido também pelos adversários dos comunistas) não é capaz de explicar a sociedade com todas as suas nuances. Muito menos de contribuir com soluções efetivas para o problema da pobreza e da desigualdade.

Embora pareça mais complexo e, por vezes, cause frustração com seus freios e contrapesos, o sistema representativo é a única forma de promover o progresso econômico sem ferir outros dois pilares de uma sociedade próspera: a liberdade social (ou seja, a possibilidade de cidadãos se associarem horizontalmente, sem necessidade do aval do Estado) e a participação política (votando e sendo votado, cobrando seus representantes e sugerindo propostas a serem avaliadas pelo Congresso e o Executivo). Aliás, é curioso notar que, embora tenha havido regimes politicamente autoritários com um certo grau de liberdade econômica (como o Chile do ditador Augusto Pinochet e, em certa medida, a China atual), não é possível que um regime baseado na coletivização da propriedade privada tenha liberdade política. Desde Platão, toda forma de comunismo que não seja voluntária, como a do *Bruderhof*, é autoritária.

Quando visitou os Estados Unidos, em 1831, o escritor francês Alexis de Tocqueville ficou impressionado. Lá, ele encontrou uma sociedade capaz de se organizar sem que o governo precisasse intervir com frequência. O segredo estava nas associações locais. No princípio, existiam as pequenas vilas, as cidades, as colônias (que depois se transformaram em estados). O governo federal, com presidente da República, só surgiu depois. Embora os Estados Unidos tenham se tornado independentes em 1776, o primeiro presidente só foi eleito em 1788. Nesse período, e mesmo nas primeiras décadas após a criação do governo federal, o poder estava concentrado nos estados e nos municípios. Um dos princípios por trás desse regime é o de que, por natureza, as pessoas têm uma ligação mais forte com aquilo que está mais próximo. Assim, faz mais sentido que decisões importantes sejam tomadas no plano local. Escreve Tocqueville:

> É encarregando os cidadãos da administração dos pequenos negócios, muito mais do que lhes entregando o governo dos grandes, que se pode levá-los a se interessarem pelo bem público e a enxergarem a necessidade que têm sem cessar uns dos outros para produzi-lo.[27]

Embora identifique, corretamente, que as funções mais importantes do Estado são a segurança e a justiça, o minarquista errava ao não diferenciar o poder central do estadual e do municipal. Além de ter um cuidado maior com sua própria comunidade, as pessoas também estão mais próximas das autoridades locais do que das federais. O que Tocqueville viu na América não foi um regime meramente coletivista que anula as

---

27. Alexis de Tocqueville, *A Democracia na América – Livro II: Sentimentos e Opiniões*. São Paulo: Martins Fontes, 2004, p. 127.

individualidades, nem um agrupamento de indivíduos isolados uns dos outros, preocupados apenas com os próprios interesses. Em vez disso, ele encontrou um regime que vamos chamar de "comunitarismo".

O comunitarismo pode ser definido como o modo de vida em que as diferentes esferas de associação humana são devidamente valorizadas e exercem seu papel efetivamente. Isso acontece sobretudo por instituições como as associações, jornais locais, clubes e igrejas. A essa lista devemos acrescentar também o governo local: a Câmara dos Vereadores e a prefeitura. O poder descentralizado, distribuído entre as mais diversas camadas de agrupamentos humanos, como Tocqueville observou, protege o indivíduo das esferas mais altas e poderosas de governo. É difícil encontrar, na história moderna, um exemplo de tirania municipal ou estadual. Os tiranos geralmente estão no governo nacional.

E, como Tocqueville observou, essa é parte da explicação para o sucesso americano: para além de fórmulas sobre economia e gestão pública, a capacidade de autogoverno das pessoas por meio de suas instituições locais é um fator central na prosperidade de uma sociedade. Em uma comunidade forte, o problema da desigualdade se ameniza quase que organicamente. Se o telhado de um idoso caiu e ele não tem condições de contratar alguém para fazer a obra, os demais vizinhos, quase que por obrigação moral, se juntam para fazer o serviço. Aqui na cidade de 10 mil habitantes onde vivo, no interior do Michigan, esse espírito ainda existe. Outro dia me vi ajudando na mudança de pessoas que eu nunca tinha visto antes. O chefe da casa havia perdido seu emprego, e a família teve de se mudar para uma casa menor. Amigos se ofereceram para ajudar no transporte da mudança, e cada um acabou chamando alguns amigos também. No Brasil, também é possível encontrar resquícios de um modo de vida mais orgânico e baseado na ajuda mútua. Um bom exemplo são os mutirões para ajudar um vizinho com a colheita da roça. Tocqueville, aliás, notou que muitos americanos realizaram o sonho dos anarcocapitalistas: passavam a vida inteira sem encontrar um representante do governo federal. Mas, ironicamente, isso só foi possível porque, ao contrário do que pressupõe o anarcocapitalista, as pessoas não são movidas apenas pelo próprio interesse. Ao se comprometerem a ajudar uns aos outros, elas reduziram a necessidade de intervenção do Estado.

Mas essa generosidade só pode atingir seu ápice quando há prosperidade. A combinação entre prosperidade e laços sociais fortes é primordial para a redução da pobreza e da desigualdade. Quando esses dois fatores estão presentes, não é preciso que o governo entre em campo, e com isso os cidadãos são poupados de ter de bancar uma burocracia que, em muitas circunstâncias, é cara e ineficiente. Prosperidade sem laços sociais não é suficiente porque gera apenas ricos imersos em sua riqueza. Laços sociais fortes, por mais sinceros que sejam, não são suficientes sem prosperidade, porque é preciso haver um pouco mais que o mínimo antes que alguém seja capaz de dividir.

O melhor governo é aquele que não governa, mas permite que as pessoas governem a si mesmas. Para isso, não basta não fazer nada: é preciso construir instituições sólidas, respeitadas e eficientes, que potencializem a vida em comunidade e os laços horizontais entre as pessoas. Também é preciso que os cidadãos não dependam do Estado com frequência, mas que, quando ele seja necessário, a resposta venha de forma rápida e eficaz.

O Estado eficaz não pretende modificar a natureza humana. Aliás, qualquer regime que exija um comportamento anormal (como pais que não se importam com os filhos, ou pessoas que abrem mão completamente de buscar os próprios interesses) tende a fracassar. Em vez disso, o Estado eficaz se baseia em traços observáveis do comportamento humano a favor de uma sociedade mais saudável.

Mas chega de poesia e abstrações. Vamos olhar para o Estado eficaz e como ele funcionaria na prática. O que vem a seguir é uma lista de princípios, que se baseia no bom senso e leva em conta a experiência histórica, cujo objetivo é permitir que uma sociedade próspera floresça. O leitor vai logo notar que não existe nenhuma novidade revolucionária: a receita é aproveitar o que, ao longo da história, regimes distintos construíram de melhor – sempre tendo em mente os mais pobres, que são a razão de ser deste livro. ∎

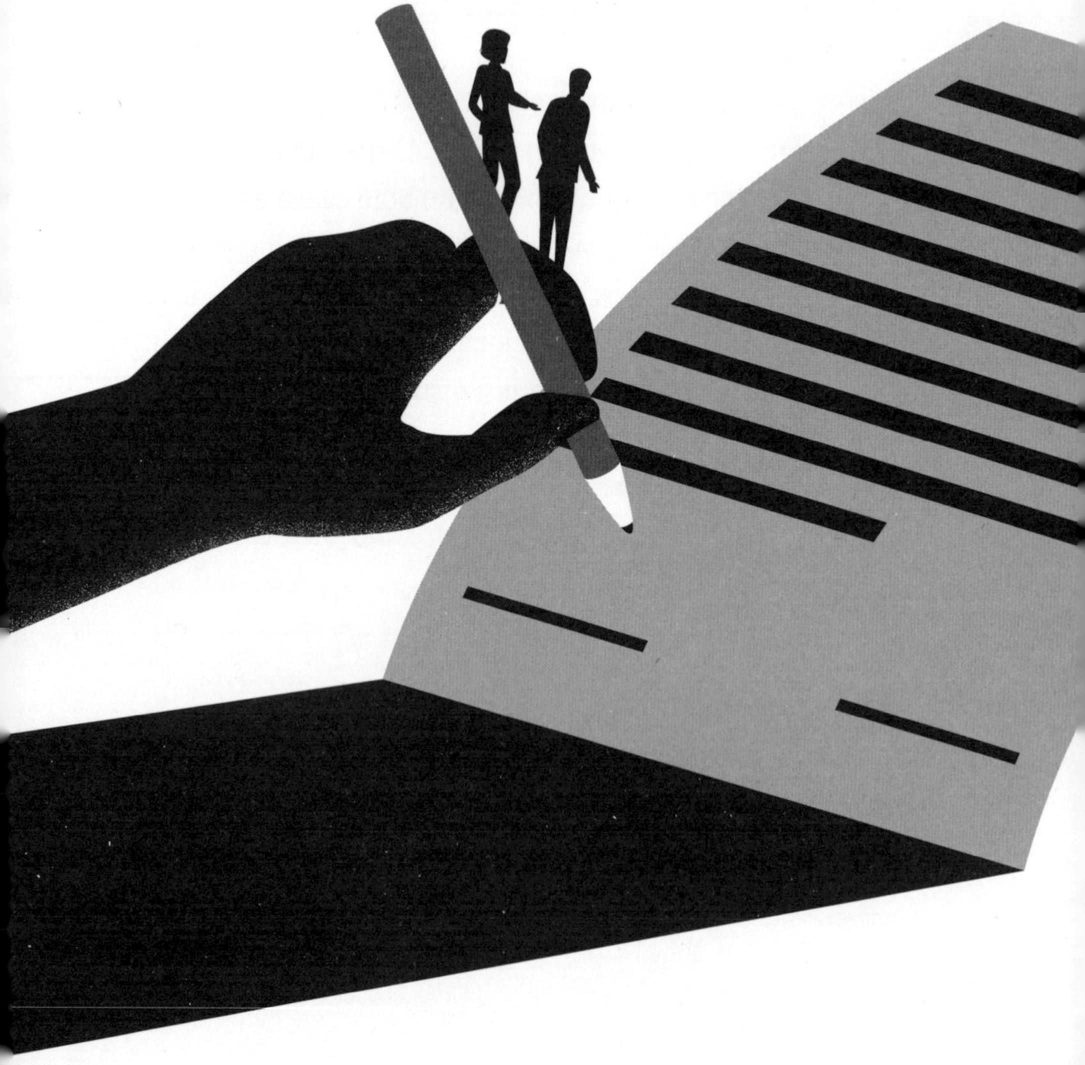

DEZ PRINCÍPIOS DO ESTADO EFICAZ

CADA PROBLEMA TEM SUA ESFERA DE RESOLUÇÃO ADEQUADA

Com poucas exceções, os indivíduos sabem o que é melhor para si próprios. O Estado não deve fazer nada que a sociedade não possa fazer por conta própria. Se algo é feito pelo Estado, esse algo geralmente custa mais caro e é menos eficiente do que quando é feito pela chamada sociedade civil, que nada mais é do que cidadãos organizados sem a tutela do Estado. Se Brasília desaparecesse da noite para o dia, continuariam existindo famílias, associações de bairro, paróquias. O gestor público precisa resistir à tentação de ditar as regras de cima para baixo, como se fosse possível modelar a sociedade por completo. O Estado deve, isso sim, respeitar o que há de bom na vida em comunidade, corrigindo eventuais distorções que surjam pelo caminho. E, quando a ação estatal é necessária, ela deve acontecer no nível local (municípios e estados) sempre que possível.

NENHUMA PESSOA QUE PRECISA FICARÁ SEM AUXÍLIO DO GOVERNO. TODA PESSOA QUE NÃO PRECISA FICARÁ SEM AUXÍLIO DO GOVERNO

Por "precisa", entenda-se alguém que, por um infortúnio, encontra-se em uma situação emergencial que não pode ser solucionada pelo seu círculo social. Algumas dessas pessoas precisam de auxílio permanente (pense em uma viúva, deficiente física, que não tem condições de trabalhar) e devem recebê-lo. Mas a maior parte das pessoas possui o potencial de alcançar independência. Em vez de reduzir a autonomia dos indivíduos, o Estado deve trabalhar para ampliá-la. Ao mesmo tempo, é preciso ter rigor para garantir que ninguém tire proveito indevido da rede de assistência social. Caso contrário, além do desperdício de recursos, a consequência é uma desmoralização do sistema aos olhos dos que trabalham para pagar impostos. O desrespeito às leis tende, com o tempo, a ter um efeito desmoralizador: aqueles que atualmente seguem as normas têm menos incentivo para continuar agindo dentro das regras.

O ESTADO PRECISA FORMAR CIDADÃOS INDEPENDENTES E COM VIDAS PLENAS

A economia é apenas um aspecto da vida humana. A liberdade plena inclui a liberdade econômica, mas vai além dela. Existem outros indicadores da prosperidade de um povo que precisam ser levados em consideração. A principal desigualdade é a desigualdade de virtude, escreveu Aristóteles. Simplesmente entregar dinheiro a alguém sem virtude pode piorar o problema, em vez de remediá-lo. Muitas políticas de redistribuição de renda pecam nesse aspecto e acabam criando incentivos negativos ao trabalho. Durante a pandemia do coronavírus, por exemplo, tornou-se difícil encontrar trabalhadores para funções mais básicas em algumas partes dos Estados Unidos. Algumas empresas americanas passaram a oferecer dinheiro (25 dólares, ou cerca de 130 reais) simplesmente para que as pessoas aparecessem nas entrevistas de emprego. O motivo foi o auxílio emergencial pago pelo governo federal. Embora essa tenha sido uma medida temporária, a lógica vale para programas sociais de longo prazo. Quando distribui recursos sem contrapartida, o Estado não premia comportamentos moralmente recomendáveis (ou pelo menos socialmente úteis) e acaba desincentivando o trabalho. E o trabalho, além de gerar riqueza, é parte essencial de uma vida plena.

A SOLIDARIEDADE (VOLUNTÁRIA) DEVE SER ENCORAJADA

A solidariedade não é uma criação estatal; é uma consequência natural de uma sociedade saudável e coesa. Quando restringe a esfera de atuação de organizações de caridade, o Estado por vezes retira um dos elementos mais importantes da coesão social, e passa a ser uma espécie de mediador entre relações que antes aconteciam organicamente. Em 2021, a prefeitura de Curitiba causou controvérsia ao proibir a distribuição de comida a moradores de rua. Não foi uma exceção: outras cidades mundo afora têm legislação semelhante, como se o Estado tivesse o monopólio da caridade. Além de prejudicar os mais pobres ao reduzir a oferta de doações, o governo também limita um dos traços mais bonitos da natureza humana e gera cidadãos cada vez menos solidários.

O FUNCIONÁRIO PÚBLICO DEVE SERVIR, NÃO SER SERVIDO

O custo excessivo do funcionalismo público é uma das principais razões para a falta de liberdade econômica no Brasil. No índice da Heritage Foundation, um dos termômetros mais importantes nesse quesito, o critério "Saúde Fiscal" é o indicador no qual o Brasil tem o pior desempenho: de 0 a 100, nossa nota é 5. A média mundial está acima de 72. Isso significa que o Brasil gasta muito e arrecada pouco. E a principal razão disso é o custo elevado do funcionalismo público. Por causa dos seus muitos privilégios, o funcionário público brasileiro retira mais do contribuinte do que os benefícios que entrega. Deveria ser o contrário. A legislação precisa refletir adequadamente a relação entre patrões (o povo) e empregados (os funcionários públicos – incluindo, claro, os políticos).

O ESTADO DEVE SE CONCENTRAR NAS FUNÇÕES ESSENCIAIS

Talvez no passado até fizesse sentido que o Estado fosse dono de supermercados (como ocorreu, por exemplo, nos primórdios de Brasília), de postos de combustíveis ou dos Correios. Não mais. Se, no passado, os Correios eram essenciais por uma questão estratégica, hoje existem muitas alternativas possíveis – e, de qualquer forma, a maior parte das comunicações, inclusive dentro do governo, se dá por meios eletrônicos, que já estão em mãos privadas. O Estado não deve fazer nada que possa ser feito com competência pelo setor privado. Na concepção do Estado eficaz, ele preenche as lacunas que, por uma razão ou outra, surgiram na sociedade. Mas nunca vai além do necessário.

A JUSTIÇA DEVE SER RÁPIDA E TRANSPARENTE

A Justiça brasileira custa caro e produz resultados incompatíveis com esse custo. Pior: quando age, ela por vezes gera decisões flagrantemente injustas. Isso cria insegurança e imprevisibilidade, o que, por sua vez, tem um impacto direto sobre potenciais empreendedores. Sem empreendedores, torna-se inviável gerar riqueza suficiente para assegurar a prosperidade do país e potencializar tanto a solidariedade entre indivíduos quanto a assistência por parte do governo quando necessário. Além disso, a desmoralização da Justiça aos olhos do cidadão tem um efeito perverso. Pouco a pouco, ele perde a confiança no Estado e deixa de zelar pelo cumprimento das leis.

RELAÇÕES VOLUNTÁRIAS DEVEM OCORRER LIVREMENTE

Apesar de ter dado pequenos passos na direção correta, o Brasil continua sendo um dos piores países do mundo para empreender. E a legislação trabalhista é um dos piores entraves nesse campo. O Estado eficaz reconhece que um acordo entre contratante e contratado envolve o consentimento das duas partes, e que, portanto, deve interferir apenas quando houver injustiça flagrante. O país precisa de mudanças estruturais que desfaçam a complexa teia de leis e regulações, às vezes conflitantes, na área trabalhista. É preciso ser fácil demitir e fácil contratar. Leis que dificultam a demissão têm como consequência uma redução nas contratações. E se empregadores e empregados fossem livres para decidirem os termos do serviço? Seria mais fácil contratar e mais fácil demitir, o que, no cômputo geral, proporciona um setor produtivo mais saudável e eleva a quantidade de empregos. Durante a pandemia de covid-19, a economia americana registrou uma queda recorde no número de empregos. Mas, sem tantas amarras quanto no Brasil, houve um aumento acelerado assim que a fase mais grave da pandemia passou: os empregos praticamente retornaram ao nível anterior, enquanto os índices brasileiros continuavam sofríveis.

É PRECISO POUPAR PARA AS HORAS DE DIFICULDADE

Um Estado que se limita às funções básicas, como a justiça e a segurança, dificilmente terá capacidade de articular uma resposta condizente com uma tragédia natural, como um tsunami ou uma pandemia. Ao mesmo tempo, um Estado que gaste demais o tempo todo, ocupando funções que naturalmente deveriam ser exercidas pela sociedade civil, tampouco estará preparado para agir em caso de emergência. Em primeiro lugar, porque um Estado gastador não tem capacidade de poupar. Em segundo lugar, porque ele terá destruído instituições da sociedade que são essenciais na resposta a uma catástrofe: igrejas, associações, clubes. Talvez não seja por acaso que Israel, Estados Unidos e Chile, países com alto grau de liberdade econômica, conseguiram vacinar suas populações mais rapidamente do que Canadá e França – que possuem um gasto público mais elevado. Embora existam outros fatores em jogo, é razoável supor que economias mais dinâmicas têm uma maior capacidade de reagir em um cenário de emergência.

A DEMOCRACIA INCLUI OS MORTOS E OS NÃO NASCIDOS

O "democratismo" imediatista é um problema porque pressupõe que as pessoas que estão vivas atualmente têm total controle sobre os destinos do país. Mas a verdade é que devemos pensar em uma escala diferente. O escritor britânico G. K. Chesterton falava em "democracia dos mortos" – referindo-se à importância da tradição. Além dela, é preciso pensar na "democracia dos não nascidos". As visões radicalmente materialistas (como o comunismo e o anarcocapitalismo) pecam porque focam o imediato e ignoram as gerações que virão. O Estado eficaz reconhece que, de certo modo, elas também têm direitos, já que o dever da solidariedade que cada homem encontra em si mesmo se estende entre as gerações. Isso tem implicações práticas. Não é moral, por exemplo, consumir todos os recursos naturais sem se preocupar com as gerações futuras. Tampouco é correto criar um sistema de previdência que coloque um fardo pesado sobre pessoas que ainda não nasceram ou refazer as instituições da República a cada trinta anos conforme a vontade do momento. A verdadeira democracia transcende as gerações. ■

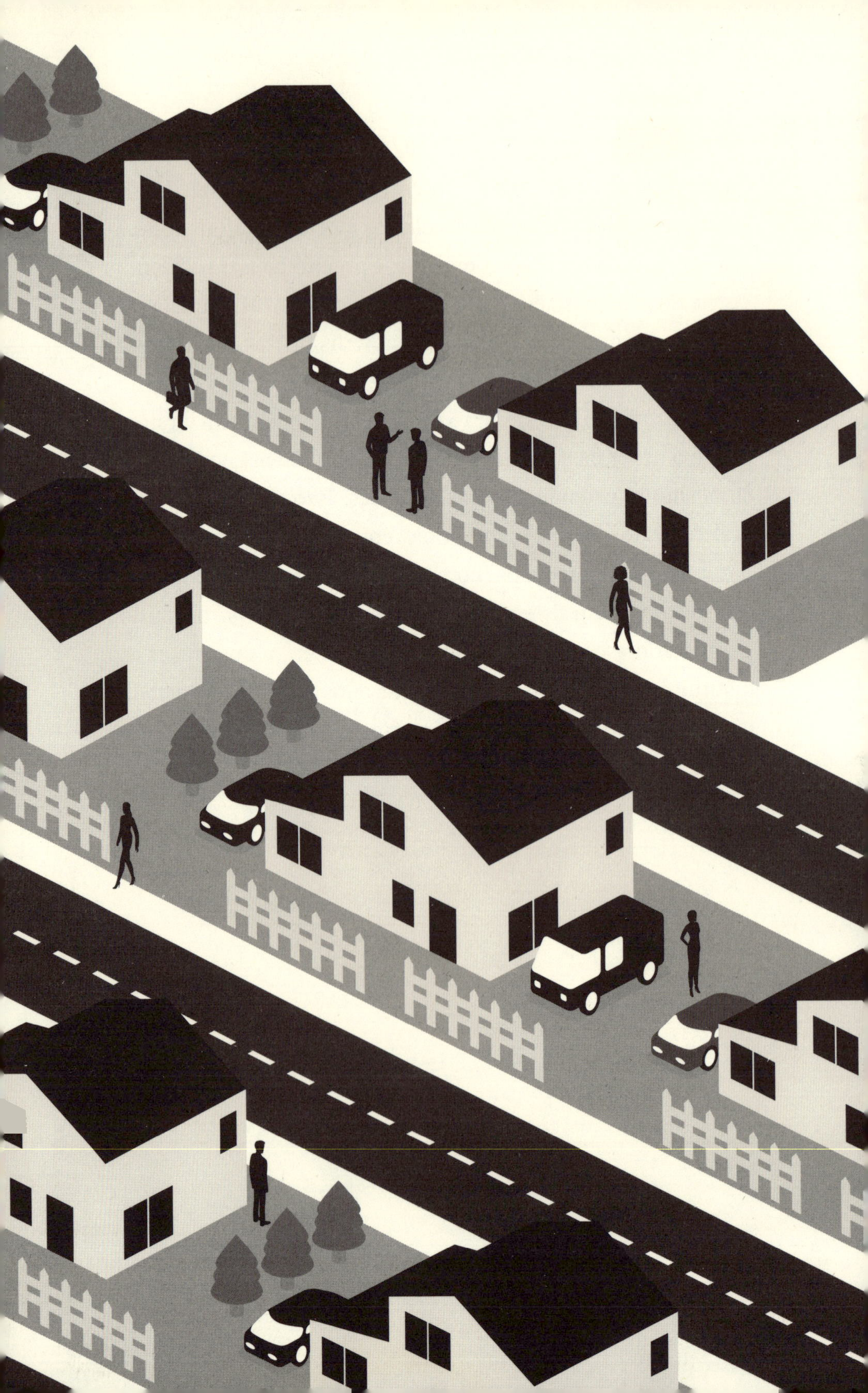

O ESTADO EFICAZ NA PRÁTICA

Por compreender que o ser humano é livre por natureza e não pode ser controlado por fórmulas pré-fabricadas, o Estado Eficaz não possui uma lista com as soluções definitivas para os problemas do mundo. Mas é possível traçar algumas propostas para a gestão pública e a economia com base nos princípios do Estado Eficaz. Veja alguns exemplos.

GOVERNO

A felicidade humana requer uma vida completa. Sociedade. Família. Comunidade. Virtudes. É muito mais que o mero materialismo. Uma vida completa requer generosidade, apreço, identidade, cultura, uma noção de pertencimento. Tudo isso é assunto para a política, no sentido mais amplo do termo (aquilo que é relativo à "*polis*", palavra grega para "cidade" ou "comunidade").

As redes sociais nos dão a impressão de que vivemos todos na mesma aldeia – e é muito mais interessante discutir a política nacional do que a municipal no Twitter. Mas uma coisa não vai mudar tão cedo: as pessoas continuam morando em cidades, perto de seus vizinhos.

Vamos retornar a Aristóteles por um instante: "Existem duas coisas que fazem com que os seres humanos sintam solicitude e amizade exclusivas: a propriedade e a afeição".[28] Difícil discordar. Daí podemos concluir que a melhor forma de governo é aquela que permite que o poder, em vez de se concentrar em uma capital distante na qual a maioria das pessoas jamais vai pisar, seja exercido no plano local sempre que possível.

A experiência demonstra que a redução da desigualdade requer mais liberdade. Os cidadãos conquistam a liberdade, por sua vez, agindo como pessoas livres. E isso só pode ocorrer se a sociedade – ou melhor, se as muitas sociedades em cada parte do país – for forte e bem-organizada. Embora intervenções pontuais e temporárias do governo por vezes sejam necessárias, a única forma de remediar o problema é permitindo que cada indivíduo realize o seu potencial por completo. O Estado deve interferir para que não precise voltar a interferir no futuro.

Por maiores que as cidades tenham se tornado, as pessoas continuam apreciando a vida em escalas mais humanas. A popularização dos condomínios é uma espécie de retorno ao modelo de cidades menores, onde as pessoas criam laços comunitários. Embora a segurança seja a principal razão para essa migração, também é fato que o sistema de administração do condomínio é mais eficiente: quando há um problema com barulho excessivo,

---

28. Aristóteles, op. cit.

por exemplo, o condomínio tem seus meios para identificar e punir o infrator. Também é possível mudar as regras: se a maioria quiser, é possível ter critérios mais rigorosos contra o excesso de barulho. Os síndicos são eleitos, têm mandatos curtos e recebem salários pequenos (quando recebem). É um regime plenamente democrático em pequena escala.

A descentralização é uma parte importante de uma vida mais próspera e justa. Algumas tarefas, como a defesa nacional, só podem ser exercidas pelo governo federal. Algumas leis, como as que tratam da proteção à vida, devem necessariamente ter alcance nacional. Mas o mesmo não vale, por exemplo, para as regras trabalhistas. O Brasil não se fragmentará se o estado do Amazonas decidir acabar com o 13º enquanto Goiás decide criar um 14º salário. Por que não permitir que cada Estado adote uma política diferente, de acordo com suas particularidades?

Aliás, essa liberdade de governos locais (e, em certa medida, municipais) tem outro efeito positivo: aquilo que os estudiosos chamam de "laboratório da democracia". Com uma diversidade de leis, será possível comparar quais políticas públicas funcionam e quais devem ser deixadas de lado. Além disso, só a descentralização de poder pode dar conta da diversidade de um país tão amplo e tão rico culturalmente como o Brasil. Por fim, colocar o poder nas mãos de órgãos diversos, preferencialmente no nível local, significa reduzir as chances de que alguém tenha acesso a muito poder e o use de forma nociva.

Com as grandes cidades saturadas, ameaçadas constantemente pelo crime e com frequência mal administradas, é saudável que as pessoas tenham a possibilidade de "votar com os pés" e procurar um novo endereço, onde as leis sejam diferentes. A popularização do *home office*, acelerada pela pandemia, tornou isso possível para muitos. O movimento mais comum é o de pessoas trocando as metrópoles por cidades do interior. Além das vantagens mais óbvias (segurança, menos tempo e dinheiro gastos no transporte etc.), existe outra consequência positiva. Em uma escala menor, cada indivíduo conta mais. Como Tocqueville observou, a liberdade política implica participação política. E isso só pode ocorrer genuinamente no nível local. Talvez a mudança rumo a um país mais livre e próspero precise ocorrer de baixo para cima. O Estado é mais eficaz quando o governo é descentralizado e as pessoas ficam mais próximas de seus governantes.

ECONOMIA

Pela mesma lógica de Aristóteles de que as pessoas cuidam daquilo que amam, e amam o que lhes é mais próximo, faz sentido propor que o maior número possível de pessoas possua propriedades. É exatamente isso que sugere o chamado distributismo, uma proposta econômica mais realista popularizada pelo escritor G. K. Chesterton. O princípio é simples: sempre que possível, e sempre por meios pacíficos, deve-se optar por uma fragmentação da propriedade privada.

Isso pode se manifestar de várias formas. Uma é no campo individual. O que nos impede de incentivar que os cidadãos favoreçam comércios locais, mantidos por pequenos empreendedores, mesmo que isso resulte em um preço ligeiramente maior?

O distributismo age não por meio de intervenções excessivas, mas por incentivos. Por exemplo: o governo pode organizar sua estrutura tributária de forma a tornar mais difícil que uma grande empresa "engula" seus concorrentes por meio de aquisições sucessivas. Outra forma de praticar o distributismo é favorecer modelos que permitam aos empregados terem participações acionárias nas empresas em que trabalham. Assim, eles literalmente se transformam em donos de uma pequena parte da companhia. Uma alternativa mais segura (já que a posse de ações traz riscos) seria a participação nos lucros da empresa. Além disso, o governo pode oferecer subsídios para experimentos que se baseiem na noção de que as pequenas propriedades são o motor de uma sociedade próspera e justa.

Adotando o princípio de Chesterton, e adaptando sua aplicação onde necessário, podemos pensar em outras medidas que tendem a promover a prosperidade dos mais pobres.

Como observou o economista peruano Hernando de Soto, milhões de pessoas vivem como "extralegais" – ou simplesmente fora da lei. É aquilo que, no Brasil, chamamos de informalidade. Boa parte dos brasileiros mora em casas irregulares, usa transporte irregular e tem um emprego informal. Essas pessoas não podem contar com o respaldo da lei. E, por outro lado, não pagam impostos. Por não pagarem impostos, também carecem de representação legítima na esfera política. Simplesmente não são ouvidos.

O aspecto mais importante dessas vidas "fantasmas" é a moradia. Os moradores de favelas e das chamadas ocupações irregulares não têm os títulos de suas casas. Por não o terem, não podem revender os imóveis com segurança. Pelo mesmo motivo, têm menos incentivo para fazer melhorias no local. Não faz sentido investir dinheiro em algo que, oficialmente, não lhe pertence.

Mas, para todos os efeitos, essas pessoas são donas dessas casas. O Estado reconhece isso quando lhes fornece água e luz. Além disso, o próprio governo proclama que esses moradores não são nem serão despejados das casas onde vivem há décadas. O Estado, portanto, deve oficializar o que já é um fato. É preciso remover aqueles que vivem em áreas de risco, e a Justiça precisa resolver os casos envolvendo conflitos de propriedade privada. Mas, no caso das "ocupações irregulares" já consolidadas que tenham sido feitas em propriedade pública, o Estado precisa agir rapidamente para conceder os direitos definitivos de propriedade.

No livro que escreveu sobre o assunto, Hernando de Soto concluiu que 57% da população urbana e 67% da população rural nas Filipinas moravam em casas "ilegais". No Haiti, as proporções eram de 68% e 97%, respectivamente. No Brasil, até mesmo a qualidade da informação sobre o tamanho do problema é precária. Mas, segundo os levantamentos mais recentes, metade dos imóveis urbanos é irregular. São bilhões de reais em patrimônio adormecido, à espera de uma ação do Estado – literalmente, da emissão de um pedaço de papel.

Quando o morador recebe a escritura de sua casa, novas possibilidades se abrem. Ele pode usar o imóvel como garantia bancária para um empréstimo destinado a abrir um pequeno negócio, por exemplo. Também fica mais fácil arranjar um emprego que exija endereço fixo. Outro efeito positivo é a transformação de pessoas que viviam à margem da legalidade em cidadãos plenos. E isso, por sua vez, dá mais legitimidade a elas para cobrarem os políticos – agora na condição de pagadores de impostos. Essa política também incentiva a responsabilidade individual, porque, com um endereço ligado àquele nome, a pessoa passa a ser mais facilmente encontrável. A escritura fixa famílias naquele pedaço de solo e, fixando-as, reforça o senso de comunidade. Isso tudo sem contar efeitos intangíveis, como o aumento da autoestima.

Os defensores do capitalismo podem estar certos no mérito, já que a liberdade econômica é o caminho mais eficaz para o progresso. Mas é preciso apoiar que cada vez mais pessoas sejam capitalistas, ou seja: que cada vez mais pessoas tenham seu próprio patrimônio e possam gerar riqueza.

Similarmente, muitos brasileiros estão à margem da lei quando o assunto é trabalho. Cerca de 40% dos trabalhadores são informais. Isso é fruto das regulações estatais. Se para abrir uma lanchonete é necessário investir pesado em impostos e taxas, isso não será um grande problema para a rede McDonald's. Já para a pastelaria do João, que tem apenas três empregados os custos podem ser proibitivos. Torna-se mais fácil ser um vendedor ambulante.

Uma das formas de incentivar a formação de pequenos negócios é reduzindo as regulações que aumentam o preço e o tempo necessários para empreender. Nesse quesito, o Brasil vai muito mal. Um erro frequente entre os pensadores de esquerda é o de que as regulações estatais protegem os mais pobres. Como as empresas grandes têm capital suficiente para cumprir as regras mais extravagantes criadas pelo governo, são as menores – e seus empregados – que acaba pagando o preço mais caro.

Um dos mitos mais comuns entre defensores de um Estado inchado é o de que os países nórdicos são semissocialistas. A verdade é que o segredo dessas nações não é o governo intrusivo, mas a sociedade forte. Como na América que Tocqueville encontrou no século XIX, esses povos desenvolveram um forte senso de comunidade, que independe do governo. E é natural que, em um país geograficamente isolado, de dimensões modestas e com alta homogeneidade cultural e étnica, seja mais fácil atingir a igualdade do que no Brasil.

Mas os países nórdicos estão longe de serem socialistas.

A Dinamarca, por exemplo, aparece em décimo lugar no Índice de Liberdade Econômica da Heritage Foundation. Lá, não há salário-mínimo. Ou Justiça do Trabalho. O tempo médio para abrir uma empresa é de três dias e meio (em Nova York são quatro). O país também tem um sistema rigoroso de respeito aos direitos de propriedade. A Justiça dinamarquesa é célere e confiável. E, no quesito carga tributária, no índice da Heritage, a Dinamarca tem nota 70 (100 é o ideal), enquanto Brasil tem apenas 43 pontos. É verdade que o governo dinamarquês ainda gasta muito, mas a palavra-chave é eficiência: ao contrário do que ocorre no Brasil, os funcionários públicos de lá não são uma casta privilegiada.

Pelo bem dos mais pobres, é importante nos livrarmos dessa gigantesca burocracia que aprisiona empregadores e empregados. Isso passa pelo fim do FGTS, pela desregulação que restringe o acesso a algumas profissões, e por mudanças profundas no modelo do funcionalismo público, que consome a maior parte do orçamento público quando é desconsiderado o pagamento de dívidas.

Mas os direitos trabalhistas são talvez o principal exemplo de como as leis que em tese ajudam os trabalhadores acabam tendo o efeito oposto. Normas que dificultam a demissão têm como consequência uma redução nas contratações.

Durante a pandemia de covid-19, entre março e abril de 2020, os Estados Unidos viram seu índice de desemprego saltar de 4,4% para 14,7%. Mas, um ano depois, os níveis já haviam praticamente voltado ao normal: o índice era de 6% em março de

2021.[29] Enquanto isso, o índice de desemprego no Brasil piorou rapidamente e depois ficou estagnado acima de 14%.

O progresso não é uma árvore que se compra adulta e se planta em qualquer terreno, sem qualquer cuidado. É uma semente que já existe em cada sociedade – em cada indivíduo. Cada pessoa tem um potencial a alcançar e, embora esse potencial seja diferente em cada um (eu jamais conseguiria marcar mil gols como Pelé, mesmo que treinasse), o verdadeiro estadista faz de tudo para que esses potenciais se realizem. Em vez de enxertar uma árvore adulta em solo seco, o gestor público precisa enriquecer o solo, arar a terra, irrigá-la, adubá-la. A semente já está lá.

ASSISTÊNCIA SOCIAL

O socialismo promete muitas coisas, mas só o capitalismo oferece pianos de graça. Literalmente. Como os pianos são pesados, e o custo da remoção não é desprezível – e como os pianos elétricos têm se tornado mais populares –, é comum encontrar doações de piano em sites de anúncios aqui nos Estados Unidos. Basta chegar lá com um carro grande o suficiente e com pessoas suficientes para carregar o instrumento musical.

É claro que, se vale para o piano, vale para coisas mais simples. No capitalismo, o progresso permite que haja uma produção massiva de itens dos mais diversos. Isso joga os preços para baixo, a ponto de alguns itens saírem praticamente de graça. Daí o fenômeno das lojas de 1 dólar. Por 1 dólar (o que equivale a cerca de treze minutos de trabalho de alguém que

---

29. Monthly unemployment rate in the United States from April 2020 to April 2021. *Statista*, 2021. Disponível em: https://www.statista.com/statistics/273909/seasonally-adjusted-monthly-unemployment-rate-in-the-us/. Acesso em: 20 maio 2021.

recebe o salário-mínimo) é possível comprar um caderno, um porta-retratos, uma Coca-Cola, óculos de sol (OK, a qualidade não será das maiores), um livro. Também é possível comprar um cheeseburguer no McDonald's.

A melhor forma de fazer caridade é tornar os produtos acessíveis a todas as pessoas. E isso acontece quando a economia é significativamente livre. Sendo livre, será próspera.

Mas também existem situações em que o governo precisa adotar um papel proativo. Nesse caso, a rede de assistência social precisa ser ágil e precisa. Muitas pessoas necessitam de uma renda extra devido a uma situação emergencial. Mas, na maior parte dos casos, esse auxílio é temporário: desde que tenha condições de saúde, a maioria esmagadora das pessoas encontrará um emprego. Impedi-las de fazê-lo, acostumando-as a viver dependentes da máquina estatal, é não permitir que elas sejam seres humanos plenamente realizados. O trabalho é mais que a fonte de sustento: é um caminho para que a pessoa se sinta útil, integrada à comunidade. Ao ter um trabalho, a pessoa torna-se necessária. Aquela função, naquele lugar, depende dela. E isso tem um efeito positivo que não pode ser ignorado.

O Estado eficaz potencializa os benefícios da meritocracia, mas não ignora que, em situações emergenciais, é preciso oferecer uma resposta à altura do problema. O Estado não deve premiar a indolência, mas também não pode punir quem passa por infortúnios. No debate sem fim entre o "dar o peixe" e o "ensinar a pescar", é fácil se esquecer de que o governo pode fazer os dois: dar o peixe enquanto ensina a pescar.

Antes de o Estado se arrogar a posição de único responsável pela assistência social, entidades beneficentes eram a regra. Hoje, parte dessa rede orgânica foi desfeita. E uma das muitas consequências negativas da centralização da assistência social nas mãos do Estado é, em primeiro lugar, a morte da caridade genuína.

Uma das vantagens da caridade genuína é o fato de ela trazer um filtro natural contra eventuais abusos. Os vizinhos e amigos doarão generosamente enquanto notarem que há uma necessidade, mas o beneficiário tem um certo constrangimento em receber algo sem que de fato precise. Com a estatização da caridade, o que era um favor se transformou em um direito. A relação é impessoal, fria, automática, distante – e permanente.

Outra consequência do excesso de intervenção do Estado nessa área é o fato de que as pessoas já não se sentem moralmente obrigadas a auxiliar os mais pobres por conta própria. Em vez disso, é mais fácil argumentar que, porque já pagam impostos muito altos, o que lhes cabe é apenas cobrar que o Estado atue. Mas a verdade é que uma máquina burocrática pesada jamais será tão eficiente no atendimento das necessidades humanas quanto uma rede orgânica de auxílio mútuo entre vizinhos, parentes ou membros de uma mesma igreja. Em vez de substituir essa rede, o Estado deve fortalecê-la. Mas, assim como apenas um país próspero pode ter pianos de graça, a melhor forma de incentivar a ajuda mútua entre cidadãos é garantir que a prosperidade alcance o maior número possível de pessoas. Os brasileiros mais pobres dão muitas amostras de que são pessoas generosas. Se elas o são no pouco, também serão no muito.

MEIO AMBIENTE

Se tem uma área em que os "capitalistas" costumam perder o debate com frequência, é a do meio ambiente. Com ou sem razão. O fato é que a narrativa do empreendedor ávido por lucro contra o ambientalista preocupado apenas com a fauna e a flora atrai muitas pessoas.

Ainda assim, um sistema de livre mercado tem muito a contribuir com o meio ambiente. E o princípio, mais uma vez, é o de Aristóteles: se todos são responsáveis por algo, poucos vão de fato atuar de forma responsável. Embora pareça um contrassenso, a preservação do meio ambiente pode avançar por meio do aumento da propriedade privada em algumas áreas.

Tome a Amazônia como exemplo: hoje, uma área maior que a de muitos países europeus depende da ação de fiscais pouco equipados, mal pagos e, como não é raro no Brasil, sujeitos à corrupção. Há razões para crer que a maioria dos fiscais são pessoas idôneas. Mas o fato é que a melhor forma de manter a floresta de pé é criando incentivos financeiros para tanto.

Uma das formas de gerar esses incentivos é acelerando a exploração turística da Amazônia. O Estado pode fazer isso por meio de concessões ao setor privado. Os turistas americanos e europeus só continuarão visitando a Amazônia se a floresta estiver de pé. Por isso, o setor privado terá interesse em preservar aquele ecossistema. A esta altura, já é possível ouvir coros bradando contra a "privatização da floresta". Acontece que, da forma como está hoje, boa parte da Amazônia é terra de ninguém. E é melhor ocupá-la de forma sustentável do que deixá-la sujeita à ação de madeireiros e mineradores clandestinos.

Um exemplo semelhante vem da África, onde os governos locais tinham (e, em muitos casos, ainda têm) dificuldade em impedir a caça dos grandes animais da savana. Mas, em algumas localidades, em vez de simplesmente proibir a prática e de confiar em meia dúzia de guardas ambientais para coibi-la, o governo começou a cobrar licenças (caríssimas) dos caçadores – geralmente europeus ou americanos – que quisessem se aventurar por aquelas terras. Isso criou uma cadeia econômica que favoreceu as comunidades locais dentro da lei. Os moradores daquela região passaram a ter incentivos para que o novo sistema de exploração da caça fosse mantido. Se a caça ilegal prevalecesse, já não haveria animais suficientes para atrair os caçadores estrangeiros. Com isso, a comunidade perderia sua principal fonte de recursos. Embora soe contraditório no início, o fato é que a autorização para a caça se tornou a garantia de que os animais continuarão existindo por lá.

A preservação do meio ambiente é parte essencial da "democracia dos não nascidos". Nesse assunto, é preciso ter a sensibilidade dos socialistas e a eficiência dos capitalistas.

EDUCAÇÃO

A educação é um dos temas centrais em qualquer projeto de governo. Sem uma educação de qualidade, a sociedade não manterá o mínimo necessário de coesão para subsistir. Além disso, as consequências econômicas desse aspecto são óbvias: uma economia dinâmica precisa de engenheiros, físicos, advogados, pedagogos.

No Brasil, onde o desempenho dos alunos está entre os piores do mundo nos rankings internacionais, o mantra dos sindicalistas tem sido a reivindicação por maiores salários para os professores. Mas, embora eles certamente mereçam um pagamento digno, injetar mais dinheiro dificilmente trará melhorias evidentes. Surpreendentemente, o Brasil já gasta muito com educação – proporcionalmente ao PIB (Produto Interno

Bruto), mais que países ricos como Israel. É o que dizem os dados da Unesco.[30]

A verdade é que, para melhorar o sistema, é preciso primeiro saber onde se quer chegar. E aqui, mais uma vez, é possível aplicar o princípio de que as pessoas sabem cuidar melhor das próprias vidas do que um político a milhares de quilômetros de distância. Mesmo que tenham boa vontade, os burocratas do Ministério da Educação não conseguem decidir o que é melhor para as crianças do interior de Rondônia.

A educação é um bom tema para explorarmos as diferenças entre as visões de mundo apresentadas no capítulo anterior: o socialista e o comunista pedem que a educação seja inteiramente pública. O anarcocapitalista e o minarquista querem que a educação seja inteiramente privada. O social-democrata aceita a existência de escolas particulares, mas quer professores bem pagos, com estabilidade de emprego, e são hostis a modelos alternativos.

Já o Estado eficaz não abole as escolas públicas (especialmente em áreas mais carentes e distantes dos grandes centros), mas também atua para aumentar as possibilidades de escolha das famílias. E uma das formas de fazer isso é concedendo vouchers, ou "cheques-educação".

Por exemplo: o custo por aluno na rede pública gira em torno de 500 reais por mês. A renda de uma família pobre é insuficiente para pagar a mensalidade de uma escola particular que custa 600 reais. Mas, com o voucher, a família poderá escolher receber os 500 reais na forma de um cheque-educação. A escola pública continua

---

30. World Bank, *Government expenditure on education, total (% of GDP)*. Disponível em: https://data.worldbank.org/indicator/SE.XPD.TOTL.GD.ZS?end=2019&start=2019&view=bar. Acesso em: 20 maio 2021.

disponível, mas agora os pais terão oportunidades de escolha. E a escola particular agora está a apenas 100 reais de distância.

No ensino superior, o problema é outro. As universidades públicas têm, no geral, um desempenho melhor do que as particulares. Mas a gratuidade universal, sem contrapartida, é inviável. No Estado eficaz, o princípio é diferente: todos que têm condições de pagar pagam. Mas ninguém deixa de ir à universidade por falta de condições de bancar a mensalidade. Nesses casos, o Estado pode conceder bolsas de estudo.

Além disso, é possível que o aluno só precise pagar pelo curso universitário depois de formado, quando tiver um emprego. É assim na Alemanha. Suponha que um jovem de origem pobre consiga entrar no curso de direito de uma universidade pública. Ele completa o curso sem precisar pagar um centavo. Mas, dois anos depois, conforme atinge um salário confortável, ele passa a fazer pequenos pagamentos mensais para devolver ao menos parte do que o Estado investiu nele. Essa devolução pode se dar de diferentes formas, inclusive pelo Imposto de Renda. O elemento mais importante é a justiça: o universitário se beneficiou mais da universidade que os demais contribuintes, então é justo que ele pague mais que eles. Com os recursos adicionais obtidos dessa forma, o Estado pode ampliar e fortalecer as universidades públicas, que hoje parecem estar em um estado permanente de degradação. No fim, todos ganham.

É curioso como parte da esquerda se opõe a um modelo que, na verdade, impede que os mais ricos de beneficiem do imposto pago pelos mais pobres. Este é um tema em que o lema marxista do "De cada qual de acordo com sua capacidade" deveria se aplicar.

SAÚDE

É fato que a maior parte da população brasileira apoia o Sistema Único de Saúde (SUS) e aprendeu a confiar nele, apesar de toda a precariedade do serviço. Esta é uma escolha compreensível. Mas, mesmo sem abrir mão da rede pública universal de saúde, há muito o que melhorar. É preciso dar racionalidade ao sistema, que hoje sofre dos males da lentidão e da burocracia do Estado.

Os defensores do SUS nos moldes atuais parecem não atentar para o fato de que esse modelo completamente gratuito leva a uma completa desigualdade. Hoje existem dois regimes: o de quem pode pagar um plano de saúde e o de quem não pode. Esses dois grupos vão frequentar hospitais diferentes. Um deputado que brada em defesa da saúde universal, gratuita e de qualidade jamais será atendido em um hospital público.

O sistema americano, curiosamente, é mais igual em pelo menos um aspecto: praticamente inexistem hospitais públicos. O que o Estado faz é subsidiar o seguro-saúde dos mais pobres. Isso significa que ricos e pobres serão atendidos no mesmo local.

A saúde dos Estados Unidos tem problemas: o alto custo dos tratamentos de saúde é um deles. Em parte, o preço elevado está ligado ao alto uso de tecnologia de ponta nos hospitais, que torna os tratamentos cada vez mais caros. Mas o modelo de financiamento do sistema de saúde pode servir de inspiração para o Brasil. Além de manter o SUS em funcionamento, o governo pode desafogar o sistema público auxiliando financeiramente as pessoas a pagarem planos de saúde privados.

Outra alternativa, porém controversa, é que o SUS passe a cobrar pequenas taxas de uso daqueles que têm condição de pagar. Assim, o sistema terá mais recursos para se manter em funcionamento. Embora isso soe como uma heresia em um país acostumado com a garantia de atendimento gratuito, essa proposta não é radical, porque, hoje, muitas pessoas já pagam para usar o SUS. Devido à eterna falta de recursos, muitas vezes o paciente precisa comprar insumos básicos, como gaze e termômetro, ou bancar a alimentação do paciente do próprio bolso. Também é comum que os usuários do SUS precisem recorrer a clínicas privadas para fazer exames se não quiserem ficar por meses na fila de espera.

O SUS não precisa acabar. O que precisa acabar é um regime que segrega pobres e ricos e que, em nome de uma igualdade imaginária, trata os mais carentes como cidadãos de segunda classe.

MINORIAS

A desigualdade econômica extrema não é desejável. Mas também seria injusto ignorar que os seres humanos são, desde o nascimento, diferentes uns dos outros. É impossível fabricar um certo tipo de pessoa com base em leis e regulações estatais. Basta olhar para as famílias: irmãos com genética semelhante, nascidos sob as mesmas condições econômicas e criados com o mesmo tipo de educação, com frequência acabam tomando rumos distintos em suas vidas, inclusive no que diz respeito ao sucesso profissional.

A igualdade completa, forçada de cima para baixo pela força do Estado, é inimiga da diversidade.

Os regimes coletivistas não têm um bom histórico de defesa das minorias, por uma razão evidente: a única forma de garantir a manutenção da pluralidade é por meio de um sistema de governo representativo, com separação de poderes, ampla liberdade política, eleições regulares e muita transparência. Isso é exatamente o oposto do regime que Platão, Marx e Mao Tsé-Tung pretendiam. Na utopia em que todos são iguais, não há espaço para os grupos menos poderosos. Se houver alguma dúvida, pergunte à minoria uigur da China.

Os direitos das mulheres, por exemplo, são mais seguros nos países economicamente livres. Um regime que remunera por mérito (embora mérito não seja o único critério, como vimos anteriormente) tende a premiar os mais competentes, independentemente das suas características biológicas ou étnicas. Se o retorno financeiro de uma empresa está relacionado diretamente ao desempenho de seus profissionais, a discriminação acaba punida e tende a desaparecer. Por outro lado, se o sucesso ou o fracasso dependem primariamente do favor do Estado, o burocrata de ocasião terá todas as ferramentas para praticar sua forma preferida de discriminação.

Em um Estado eficaz, qual é a melhor política para as mulheres? Nenhuma – ou todas. Basta assegurar que a mulher tenha a liberdade de fazer as próprias escolhas no caminho que a leve a uma vida realizada.

A simples possibilidade de escolha entre a vida doméstica e a carreira profissional é fruto do progresso. Em sociedades livres e prósperas, a mulher pode ter um emprego e contratar uma babá, ou ter um emprego e deixar a criança na creche, ou não ter um emprego e viver com a renda do marido.

Nos dois primeiros modelos apresentados neste livro (comunismo e socialismo), o Estado pode decidir qual ocupação você vai ter, onde você vai morar e até quantos filhos você vai ter. Nos dois seguintes (anarcocapitalismo e minarquismo), as mulheres ficam expostas aos infortúnios naturais da vida – como um marido que abandona a família repentinamente. O Estado eficaz, no entanto, permite a máxima prosperidade sem que haja uma exposição desnecessária às oscilações naturais e imprevisíveis da vida.

Um raciocínio semelhante vale para qualquer grupo minoritário. O governo precisa atuar de maneira firme contra a discriminação. Mas esse é apenas o primeiro passo. É necessário cultivar um ambiente em que os mais vulneráveis desenvolvam plenamente o seu potencial, sem tratá-los como pessoas que precisam viver eternamente sob a tutela do Estado. A única forma de garantir a dignidade de alguém é tratando-o como uma pessoa digna.

SEGURANÇA PÚBLICA

Em boa parte dos últimos anos, a delegacia do Alto da Mooca foi a que registrou menos ocorrências na cidade de São Paulo. Curiosamente, a Mooca não é um bairro rico, repleto de casas muradas e bem vigiadas, como os Jardins. Tampouco fica afastada do caótico Centro de São Paulo.

A Mooca foi fundada por imigrantes italianos. Eram operários de origem humilde. Hoje, seus descendentes se reúnem aos domingos no pequeno estádio da Rua Javari para assistir aos jogos do Juventus, o time local, e comprar o tradicional cannoli vendido à porta. A Mooca tem costumes próprios, tradições próprias e até um sotaque próprio. E isso explica seus baixos índices de criminalidade: em uma comunidade coesa, mesmo que no meio de uma cidade de 10 milhões de habitantes, os moradores sabem quem é e quem não é da vizinhança. E, quase que espontaneamente, eles ajudam a garantir que a propriedade do vizinho permaneça segura.

Na minha vizinhança nos Estados Unidos, o espírito comunitário talvez seja ainda mais forte. Pouco depois de eu ter me mudado para esta pequena cidade no interior do Michigan, o alarme e a trava do meu carro pararam de funcionar. O local onde estaciono o carro, no quintal de casa, não possui qualquer barreira física. Não há muro, portão ou cerca. Além disso, minhas idas frequentes ao mercado ou ao centro da cidade poderiam trazer um risco real de que o carro fosse roubado. Mas este é o interior do Michigan. Nunca precisei me preocupar, simplesmente por saber que o risco de um roubo do tipo é baixíssimo por aqui. O carro permaneceu sem trava por mais de um ano, até que eu o vendesse. Enquanto escrevo estas palavras, minha bicicleta está do lado de fora de casa (lembre-se, não há muro ou cerca), a apenas alguns passos da rua. Mas tenho certeza de que ela vai continuar lá.

Alguns conservadores acreditam que a principal razão para essa segurança em partes dos Estados Unidos é o rigor da lei e a presença constante da polícia. Mas essa é uma meia verdade. Meus vizinhos não são pessoas más, apenas esperando uma brecha para roubar minha bicicleta. Eles são pessoas moralmente boas, que possuem um senso de comunidade. Eles pertencem a este lugar, não apenas moram aqui. De certa forma, é o que ocorre na Mooca. E não é preciso haver tanta interferência estatal onde as pessoas seguem a lei.

Por outro lado, a polícia da minha pequena cidade provavelmente é mais bem equipada e mais bem treinada do que a de São Paulo. O Estado eficaz é mais próspero e, por ser mais próspero, é mais estruturado para atuar em caso de necessidade.

Essa combinação de comunidades fortes com um Estado bem-preparado, somados a uma Justiça eficiente e rigorosa, é a resposta para o problema da criminalidade.

HABITAÇÃO

Como discutimos algumas páginas atrás, a garantia do direito à propriedade, especialmente a da casa própria, abre um leque de possibilidades para os cidadãos. E tudo começa com a concessão de escrituras para os imóveis hoje irregulares.

Além de acelerar a emissão dos títulos de propriedade onde for possível e, assim, ativar bilhões de reais em capital morto, o Estado precisa ser ágil no zoneamento das áreas a serem ocupadas. Por definição, o Estado é dono das terras ainda não ocupadas. É preciso fazer bom uso delas.

O Estado eficaz promove um zoneamento eficiente, ordenado e planejado. Não deixa a cidade se propagar como se o solo fosse um recurso infinito, nem gera cidades-fantasma como a China – onde há empreendimentos gigantescos e completamente vazios por causa do desajuste entre o planejamento governamental e a demanda real da economia.

As leis de zoneamento também têm um efeito direto sobre o modo de vida das pessoas. Bairros desarticulados, cortados por vias expressas, terão uma vida comunitária mais frágil. Áreas bem dimensionadas, arborizadas e convidativas ao convívio social tendem a gerar pessoas mais conectadas umas às outras. Esta é uma das maneiras pelas quais o Estado ajuda a moldar o modo de vida das pessoas sem, entretanto, interferir excessivamente na liberdade individual dos seus cidadãos.

Um zoneamento ágil e bem planejado também permite que os mais pobres tenham acesso a moradias dignas, já regularizadas. Grande parte das favelas surgiu como consequência da falta de moradias de baixo custo nas metrópoles brasileiras. Ao definir a ocupação do solo, o Estado precisa contemplar os mais pobres e garantir que eles tenham não apenas uma casa, mas uma comunidade que lhes permita exercitar sua liberdade com responsabilidade.

A esta altura, também já sabemos que algumas medidas não funcionam no campo da habitação. Uma delas é o controle de preço de aluguel. Em tese, a ideia é proteger os mais pobres ao impedir que o valor do aluguel ultrapasse certos limites. Mas, ao impor esse teto, o governo distorce o mercado imobiliário e reduz a oferta de imóveis. Os economistas já desvendaram o problema. Se o valor a ser obtido com aluguel é limitado, as empresas e os indivíduos terão menos incentivos para investir no setor imobiliário. Em vez disso, eles vão optar por outro setor da economia com retornos mais condizentes. O resultado, no médio e longo prazo, é uma escassez na oferta de imóveis. Com menos imóveis disponíveis, quem mais sofre é quem tem menos poder financeiro para construir a própria casa ou se mudar de cidade. Mais uma vez, uma medida que pretendia proteger os mais pobres acaba tendo o efeito inverso.

No campo da habitação, o Estado não deve fazer muito. Mas o pouco que precisa fazer tem de ser, necessariamente, bem-feito. ■

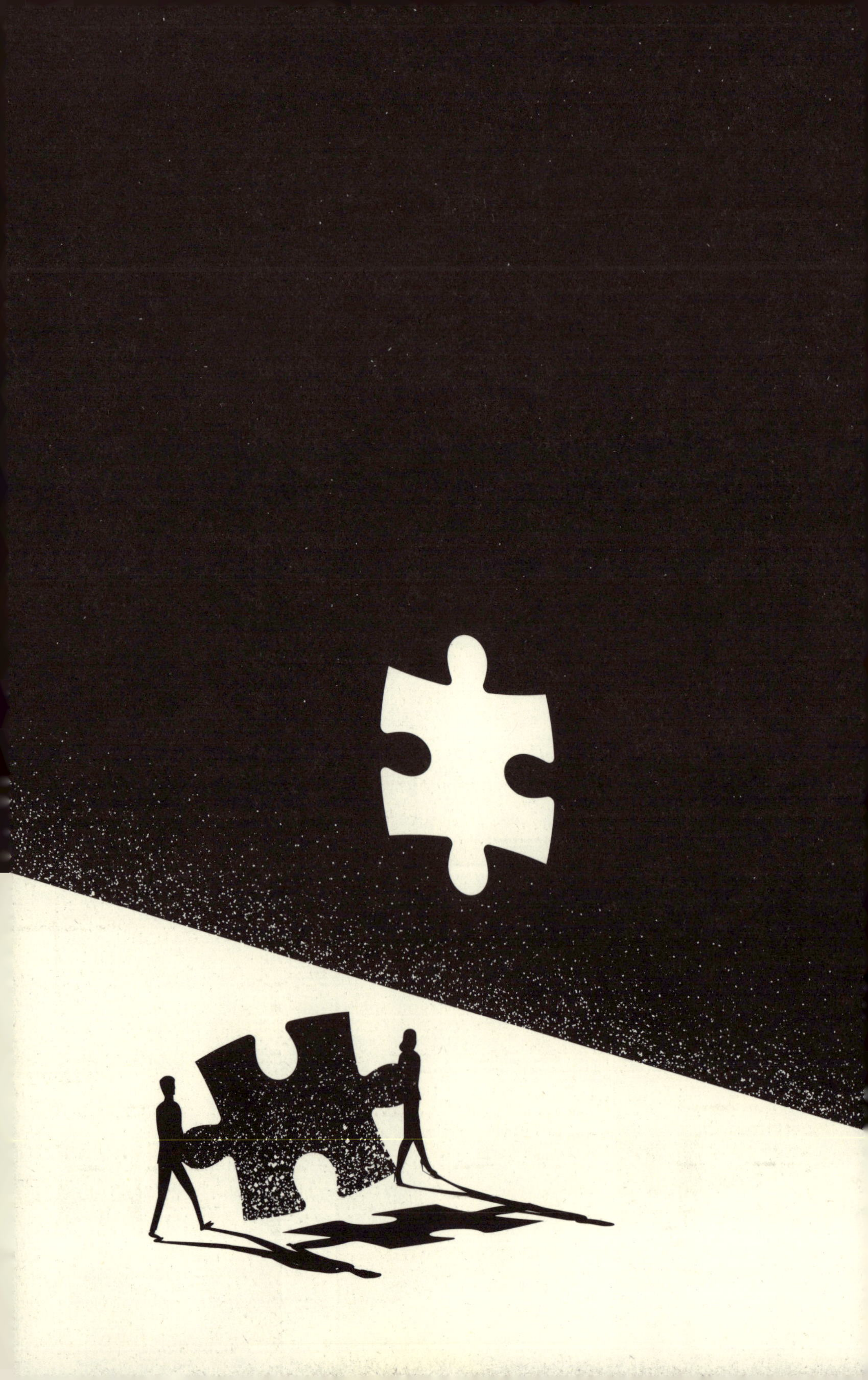

COMO FAZER A SUA PARTE

Espero ter convencido o leitor de que, se quisermos encontrar a melhor resposta para o problema da pobreza e da desigualdade, não vale a pena adotar fórmulas pré-fabricadas que partem de premissas irreais sobre a natureza humana.

Se quisermos um sistema com liberdade, em que as pessoas possam se expressar livremente, em que haja partidos políticos e eleições livres, o sistema comunista não funciona. Platão notou isso. Marx notou isso. Lenin notou isso. Mas é preciso reconhecer, por outro lado, que o egoísmo de Ayn Rand fere o senso básico de justiça.

Ao fim da nossa jornada, encontramos uma definição do que seria o Estado Eficaz, capaz de mitigar o sofrimento dos mais humildes e permitir que eles sejam autossuficientes. Desde o início, nosso objetivo era encontrar o arranjo que permita que as pessoas atinjam seu potencial econômico, intelectual e moral. A resposta passa pela valorização dos laços dos indivíduos com suas comunidades.

Agora sabemos o destino. Mas como chegar até lá? Existem muitas maneiras de um cidadão comum agir para acelerar a mudança na direção correta, sem precisar candidatar-se a deputado ou a presidente da República (embora a carreira política seja legítima e bem-vinda). É possível obter um impacto real por meio de ações locais e direcionadas. Vejamos alguns exemplos.

COMPRE LOCALMENTE

A melhor forma de incentivar a liberdade econômica e reduzir a desigualdade sem depender do Estado é, sempre que possível, priorizar o comércio local e os pequenos empreendedores. É uma forma espontânea e não violenta de praticar a distribuição de renda e de incentivar a fragmentação da propriedade privada. As grandes empresas têm concentrado cada vez mais poder, conforme megagrupos empresariais negociam fusões e aquisições mundo afora. É cada vez mais difícil para os pequenos empreendedores se manterem competitivos. Além disso, existe o aspecto humano, que não deve ser ignorado: a subsistência desse tipo de comércio estreita os laços dentro de uma comunidade e tende a incentivar a solidariedade mútua. Em um ambiente assim, existem menos justificativas para a intervenção governamental.

NÃO VOTE EM QUEM PROMETE MILAGRES

Não necessariamente o político que tem um plano é o melhor. Não escolha aqueles cujos planos requerem a concessão de mais poder ao Estado para serem realizados. Vote em candidatos que proponham uma abordagem que privilegie a liberdade para, sempre que possível, a sociedade resolver seus problemas por si própria. A primeira pergunta a ser feita é: se as propostas desse candidato forem implementadas, o resultado será uma sociedade mais ou menos dependente do governo? Caso a resposta for "menos dependente", talvez você esteja diante de um bom candidato. Mas então é hora de fazer uma segunda pergunta: "O candidato tem condições de tirar essas ideias do papel?". Se a resposta for negativa, talvez seja o caso de encontrar outro nome. Além disso, chega de líderes que querem "pôr ordem na casa" apenas com base na boa vontade – supondo que a boa vontade seja legítima. O Estado eficaz precisa de pessoas preparadas para tomarem decisões complexas num ambiente de constante mudança. Os políticos mais teatrais geralmente são os menos preparados para isso. Talvez seja a hora de tentar os políticos entediantes.

EXERCITE SUA LIBERDADE POR SI MESMO

Só aprendemos a ser livres sendo livres. Uma sociedade ativa tende a gerar um governo menos intrusivo. O psiquiatra austríaco Viktor Frankl, que passou quase três anos em campos de concentração na Segunda Guerra Mundial antes de ser libertado pelas tropas aliadas, propôs que os Estados Unidos construíssem a Estátua da Responsabilidade na Costa Oeste, para complementar a Estátua da Liberdade na Costa Leste. A ideia por trás da provocação de Frankl é reforçar a noção de que, sem responsabilidade, não há liberdade duradoura. Os brasileiros reclamam, com razão, dos cartórios e da burocracia que envolve cada aspecto da vida econômica, mas parte da explicação talvez resida no fato de que, sem essas barreiras, muitas pessoas tentariam tirar proveito umas das outras. Os cartórios se proliferaram por causa do número considerável de pessoas tentando fraudar documentos. Ao mesmo tempo, a profusão de cartórios tem um efeito: as pessoas deixam de confiar em documentos não registrados em cartório. É um ciclo que precisa ser quebrado – e de baixo para cima, com o fortalecimento dos laços comunitários. É preciso reivindicar mudanças na máquina do Estado. Mas nós também conquistamos nossa liberdade agindo como pessoas livres. Não dê a um burocrata a chance de lhe dizer não – porque ele vai. O ser humano tem o direito natural à busca pelo próprio sustento. A história está cheia de exemplos de empreendedores que não esperaram as regras do jogo mudarem, mas forçaram a mudança enquanto empreendiam. Um bom exemplo é o Uber, que nasceu "ilegal", mas causou uma mudança nas regras de transporte mundo afora. Com isso, milhões de pessoas passaram a contemplar uma nova possibilidade de renda.

RESPEITE A DIGNIDADE DE CADA PESSOA

A liberdade não é uma concessão estatal. Ela nasce conosco. O mesmo vale para a nossa dignidade. Alguns dos nossos direitos são o resultado de uma convenção. Por exemplo: cidadãos brasileiros não têm o direito de dirigir no lado esquerdo de uma rodovia. Mas alguns dos nossos direitos são fundamentais e não podem ser retirados pelo Estado – porque não é o Estado que nos dá. A Declaração de Independência americana foi um marco porque foi o primeiro documento político a reconhecer essa verdade de implicações radicais. Diz o texto, elaborado em grande parte por Thomas Jefferson:

> Consideramos estas verdades como evidentes por si mesmas, que todos os homens são criados iguais, dotados pelo Criador de certos direitos inalienáveis, que entre estes estão a vida, a liberdade e a procura da felicidade. Que a fim de assegurar esses direitos, governos são instituídos entre os homens, derivando seus justos poderes do consentimento dos governados.[31]

---

31. National Archives, *Declaration of Independence: A Transcription*. Disponível em: https://www.archives.gov/founding-docs/declaration-transcript. Acesso em: 3 jun. 2021.

O governo não pode retirar esses direitos fundamentais porque eles não foram dados pelo governo. A Declaração Universal dos Direitos Humanos, da qual o Brasil é signatário, adota uma linguagem semelhante, sem referência a Deus: "O reconhecimento da dignidade inerente a todos os membros da família humana e dos seus direitos iguais e inalienáveis constitui o fundamento da liberdade, da justiça e da paz no mundo". O documento foi aprovado em 1948, logo após a fundação da Organização das Nações Unidas. Justamente por isso, alguns direitos não podem ser violados pelo Estado. Eles existem mesmo que não exista Estado. E isso significa que nós precisamos reconhecer a dignidade de cada indivíduo.

ENVOLVA-SE EM SUA COMUNIDADE

Se nós reconhecemos que a pobreza e a desigualdade são problemas graves (e são), não basta apenas cobrar que os políticos atuem. É preciso agir por conta própria. E não existe forma melhor de fazer isso do que se engajar na sua comunidade. Varra a calçada da sua rua. Compareça à apresentação dos alunos da escola pública do bairro. Voluntarie-se para ajudar na distribuição de alimentos para as pessoas carentes. Aprenda sobre economia, política, história – e depois ensine economia, política, história. Cuide de si mesmo, de sua família e dos seus vizinhos. Se os cidadãos fizerem sua parte, ainda que no plano local, será cada vez mais difícil para os burocratas arranjarem justificativas para suas leis absurdas e intervenções descabidas. Existem coisas que apenas o governo consegue fazer. Em todas as outras, a sociedade deve tomar a dianteira.■

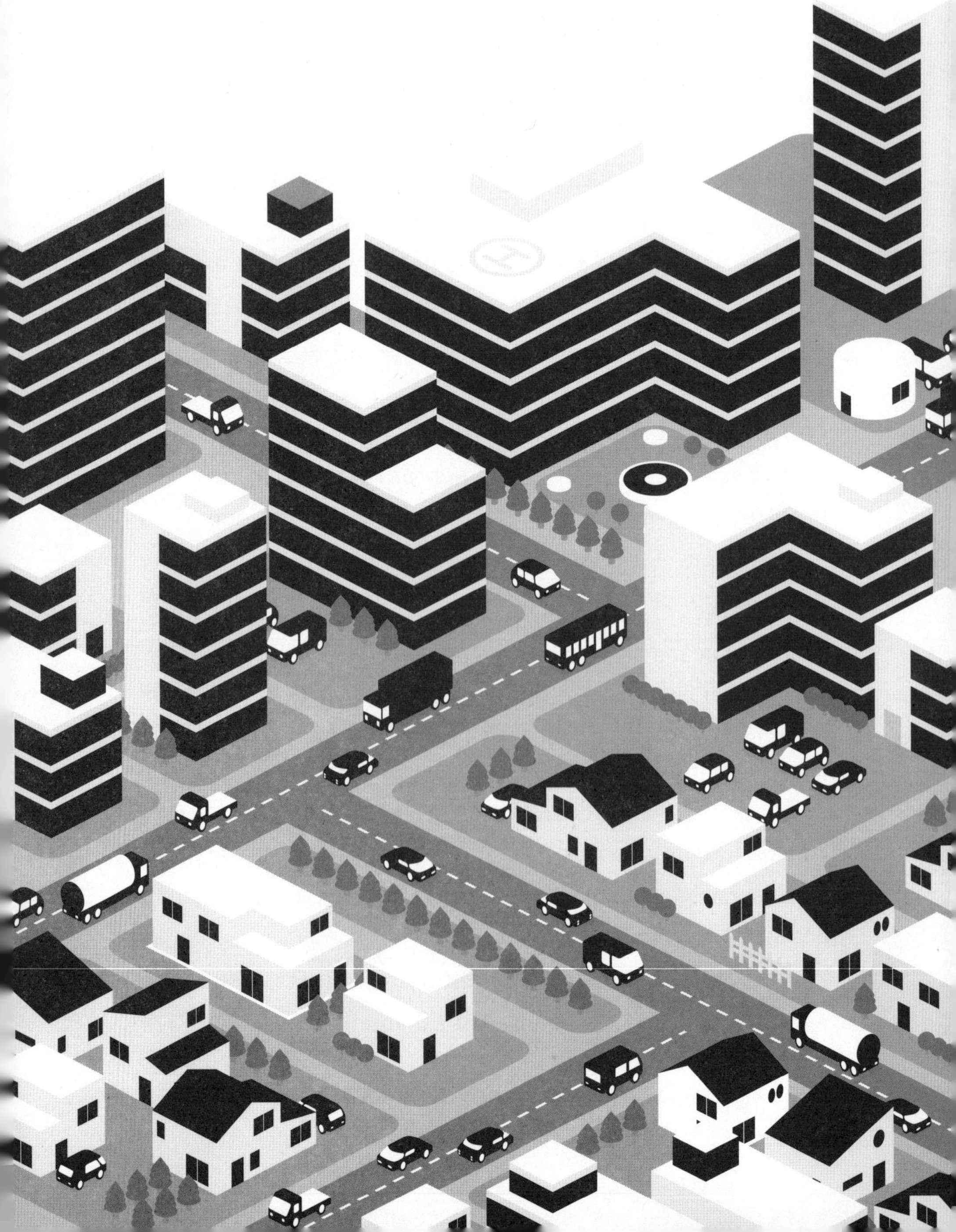

EPÍLOGO:
APESAR DE TUDO, O MUNDO ESTÁ FICANDO MELHOR

Como vimos, a Declaração de Independência dos Estados Unidos diz que *"all men are created equal"* – todos os homens são criados iguais. Ninguém nasce, por exemplo, com carimbo de pobreza na certidão de nascimento.

Exceto eu. Eu e todos os bebês que nasceram na maternidade Mãe Pobre, em Mogi das Cruzes (SP).

A maternidade Mãe Pobre, no centro de Mogi, poderia estar em qualquer cidade brasileira: em volta, muitos fios de eletricidade a enfear a paisagem, comércio com portas de aço, pouca área verde. O maior atrativo da vizinhança é o antigo convento onde Dom Pedro I se hospedou no caminho para São Paulo, duas semanas antes de proclamar a Independência do Brasil. Em 1988, quando nasci, a Mãe Pobre era uma das duas maternidades da cidade – na outra, a Santa Casa, viria ao mundo o mogiano mais famoso de todos os tempos: Neymar Júnior.

Em 1988, o PIB *per capita* do Brasil era de 2.300 dólares. Por ano.[32] Isso significa que mesmo a chamada classe média vivia em uma situação instável economicamente.

Hoje, segundo o governo do país onde vivo, continuo pobre. A diferença (além dos 33 anos) é que moro nos Estados Unidos. Há pouco em comum entre o pobre brasileiro de 1988 e o pobre americano de 2021. Ainda bem.

Como um estudante de pós-graduação bancado por uma bolsa de estudos, preciso sustentar a mim mesmo, minha mulher e minhas três filhas. Tenho um carro de sete lugares, televisão, internet de alta velocidade, micro-ondas, *freezer*, moro em uma casa de quatro quartos e o meu único problema de nutrição é o excesso de batata frita. Eu vivo muito melhor do que os ricos de algumas décadas atrás. Em muitos aspectos, vivo melhor do que eu vivia há dois anos no Brasil, onde minha renda me colocava entre a classe alta da população pelos critérios oficiais.

Na verdade, não sou uma exceção: aquele que as estatísticas oficiais definem como "pobre" nos Estados Unidos tem, em média, duas TVs, wi-fi em casa, *smartphone*, ar-condicionado e carro.[33] Ele vive em uma casa maior do que a média dos cidadãos (pobres ou não) de Paris, Londres ou Viena.[34] Isso significa que o significado do termo "pobreza" mudou muito, e cada vez mais rapidamente, nos últimos anos. E esse é um bom sinal:

---

32. World Bank, *GDP per capita (current US$)*. Disponível em: https://data.worldbank.org/indicator/NY.GDP.PCAP.CD?locations=BR. Acesso em: 3 jun. 2021.

33. Table HC4.5, *Electronics in U.S. homes by household income*, 20151.

34. *How Poor Are America's Poor? Examining the "Plague" of Poverty in America*. The Heritage Foundation, 27 ago. 2007. Disponível em: https://www.heritage.org/poverty-and-inequality/report/how-poor-are-americas-poor-examining-the-plague-poverty-america. Acesso em: 22 maio 2021.

demonstra que as pessoas têm progredido com o passar dos anos e a troca de gerações. Por isso o pobre americano de hoje se parece tão pouco com um... pobre. O fenômeno não se limitou aos Estados Unidos. De forma geral, todos os países se tornaram mais prósperos nas últimas décadas, dentro e fora das nações desenvolvidas. Excluídos os períodos de guerra, a tendência geral é de um aumento contínuo na prosperidade graças ao progressivo avanço do comércio e da rápida difusão de novas tecnologias. Entre 2006 e 2016, por exemplo, o PIB *per capita* anual da Etiópia saltou de 198 para 790 dólares em valores atualizados. O de Bangladesh passou de 131 dólares em 1977 para 1.855 em 2019. O do Brasil pulou de 403 em 1969 para 8.700 em 2019. A Tailândia viu seu PIB *per capita* passar de 1.900 dólares em 2001 para 7.800 em 2019.[35]

As estatísticas oficiais não conseguem dar conta de quanto o mundo se tornou mais rico. Muitos dos bens e serviços se tornaram mais baratos que há alguns anos, o que significa que a renda baixa de hoje pode adquirir muito mais que a renda baixa do passado. É fácil perder de vista a pergunta mais importante: as pessoas vivem com mais acesso a bens e serviços hoje que no passado? Elas têm mais ou menos conforto e estabilidade que no passado? E a resposta é indiscutivelmente afirmativa. O mundo nunca foi tão próspero.

Os números, apesar de não demonstrarem completamente o progresso sem precedentes alcançado pelo homem ao redor do globo, ajudam a dar uma dimensão do que aconteceu. Em 1988, um em cada cinco brasileiros era indigente. Hoje, esse

---

35. World Bank, *GDP per capita (current US$)*. Disponível em: https://data.worldbank.org/indicator/NY.GDP.PCAP.CD. Acesso em: 22 maio 2021.

índice caiu para 4,4% da população. Ainda segundo os dados oficiais, cerca de 33% da população mundial estava abaixo da linha da pobreza absoluta (ou seja: viviam com menos de 1,90 dólar por dia) em 1988. Trinta anos depois, o número estava abaixo dos 10%.[36]

EVOLUÇÃO DA POBREZA NO BRASIL

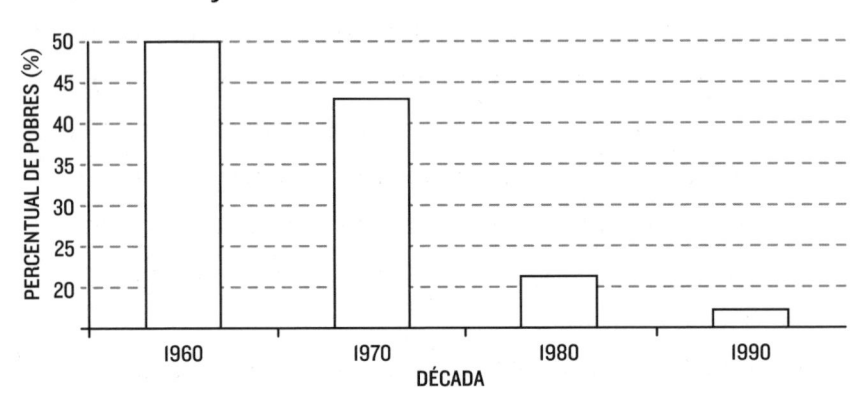

Fonte: Alberto Carlos Almeida, O Brasil no final do século XX: um caso de sucesso. *Dados*, vol. 41, n. 4, 1998. Disponível em: https://www.scielo.br/scielo.php?script=sci_arttext&pid=S0011-52581998000400004. Acesso em: 22 maio 2021.

Para entender melhor o que aconteceu, é preciso lembrar o estado natural do ser humano: o estado de pobreza. Deixado por si só, na natureza, o homem sofrerá com insegurança alimentar, problemas de saúde, violência. A expectativa de vida dos homens das cavernas não chegava a 35 anos. Eles viviam da caça, da pesca e da extração de frutas e vegetais. E, por mais que muitos ainda se encantem pelos povos primitivos, o fato é que praticamente ninguém gostaria de viver em constante insegurança quanto à próxima refeição (sem contar a falta de ketchup e mostarda).

---

36. World Bank, *Poverty*. Disponível em: https://data.worldbank.org/topic/11. Acesso em: 22 maio 2021.

EVOLUÇÃO DA EXPECTATIVA DE VIDA

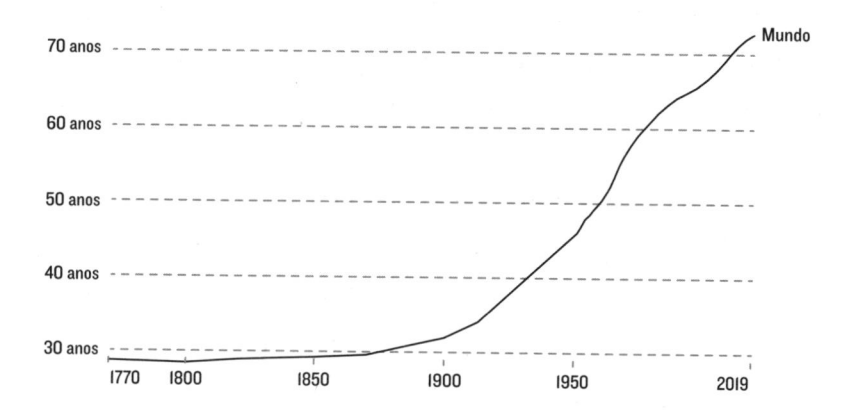

Fonte: Our World in Data. Disponível em: https://ourworldindata.org/grapher/life-expectancy. Acesso em: 22 maio 2021.

Antes da agricultura (e muito antes das indústrias), a população mundial era muito reduzida. E não por acaso: quando se depende da caça e da pesca, a fome é uma realidade permanente. Em 1500, ano da chegada dos portugueses ao Brasil, os indígenas já estavam no território brasileiro havia cerca de 20 mil anos. Ainda assim, eles não passavam de 3 milhões de pessoas, menos do que a população atual de Salvador. Muitas tribos viviam em guerra umas com as outras, em parte por causa de fontes de alimento. A prática chocante do infanticídio de crianças deficientes entre alguns povos indígenas não é apenas um ritual místico macabro: é a consequência lógica, sob a perspectiva primitiva, do fato de que a comunidade não tem condições de sustentar um indivíduo incapaz de trazer alimento para a tribo.

A palavra-chave na caminhada humana para longe da miséria, ironicamente, simboliza tudo o que há de errado no capitalismo de acordo com a maior parte dos pensadores de esquerda: acúmulo. Sim, o acúmulo material foi o que permitiu aos seres humanos sair da caverna e, em larga medida, parar de se preocupar se terão algo para comer na próxima refeição.

A primeira grande mudança rumo à prosperidade aconteceu com a chamada revolução agrícola, quando o homem descobriu como produzir alimentos de forma planejada e em uma escala considerável. Ao dominar a técnica de produção de milho, por exemplo, o ser humano logo percebeu que seria possível cultivar uma quantidade maior do que a necessária para atender a necessidade imediata. Tornou-se possível produzir grãos em volume suficiente para armazená-los e consumi-los no inverno ou no período de seca, quando o plantio se torna inviável e as frutas desaparecem das árvores. A fome se tornou uma ameaça um pouco menos assustadora. No exemplo em questão, agora havia mais milho do que os donos da plantação precisavam para satisfazer suas necessidades imediatas. Em outras palavras, um superávit.

Passo a passo, esse pequeno acúmulo levou ao surgimento de trocas. Se alguém tem um excesso de laranjas e o clã vizinho possui um excesso de bananas, por que não fazer um negócio? Como vimos no capítulo anterior, os seres humanos, por serem livres, fazem escolhas para melhorar sua própria condição. E nós gostamos de variedade: em circunstâncias normais, a maior parte das pessoas optaria por ter um cardápio com banana, laranja e manga em vez de um estoque interminável de uma mesma fruta.

O acúmulo de bens permitiu ao homem mudar, pouco a pouco, sua rotina. Sem o superávit de alimento, as pessoas têm de passar a maior parte do dia, todo dia, dedicando-se à busca por frutos ou caça na floresta – nada muito diferente do que fazem os animais selvagens. O acúmulo de bens, portanto, foi um elemento essencial para que a vida humana florescesse. E não só porque permitiu um aumento na segurança alimentar: ao conseguir estocar alimentos (seja na forma de vegetais armazenados, seja na forma de animais criados para o abate), o homem obteve um pouco mais de liberdade para dedicar-se a outros afazeres.

Também por consequência da revolução agrícola, já não era preciso manter uma vida nômade. Na verdade, a agricultura exigiu que o homem se fixasse em um pedaço de chão por um longo período, o que também gerou um incentivo à formação de laços sociais mais fortes e facilitou a cooperação mútua entre vizinhos. Tudo isso porque o homem descobriu uma forma de produzir alimento e de produzir mais do que o necessário para o almoço de amanhã. O acúmulo, ou superávit, é uma precondição da prosperidade econômica e intelectual (Leonardo da Vinci jamais teria pintado a *Mona Lisa* se precisasse acordar todo dia preocupado em caçar o almoço e a janta).

Mas, embora a agricultura tenha reduzido o grau de incerteza na vida econômica do homem, ele continuava refém das variações do clima, sujeito a pragas e à exaustão do solo.

A jornada rumo ao progresso econômico atual foi lenta e teve muitas escalas. A domesticação de animais e o gradual desenvolvimento de ferramentas permitiram um aumento na produtividade na agricultura e o surgimento de ofícios – como o de ferreiro, marceneiro e sapateiro. Ainda assim, os produtos eram fabricados em uma escala que dependia do esforço humano. O sapateiro só podia fabricar um sapato por vez, assim como o marceneiro só conseguia produzir um certo número de mesas por ano.

Isso mudou graças ao desenvolvimento de novas tecnologias, especialmente o motor a vapor e a roda hidráulica. Foi quando uma nova revolução aconteceu – primeiro na Inglaterra, depois no restante do planeta. Era a Revolução Industrial, que teve início por volta de 1760. A grande novidade era a capacidade de produção em massa, o que criou possibilidades inimagináveis para as pessoas acostumadas ao antigo modo de vida. O homem aprendera a colocar as forças da natureza a seu serviço de uma forma genial: era possível fabricar centenas, milhares de sapatos por semana. Isso expandiu a oferta de produtos básicos e, ao mesmo tempo, a quantidade de empregos. Surgira um ciclo virtuoso, em que cada vez mais pessoas tinham uma renda própria e cada vez mais produtos estavam à disposição dos consumidores, o que, por sua vez, incentivava a geração de empregos e o aumento da quantidade de pessoas com uma renda própria.

A Revolução Industrial ainda é lembrada sobretudo pelas condições degradantes de trabalho e pelo uso da mão de obra infantil. Ninguém deseja que isso se repita. Mas, comparada ao que havia antes, a Revolução Industrial foi um passo na direção do progresso. Antes dela, também era comum que crianças trabalhassem em circunstâncias perigosas, geralmente nas fazendas. Mas, no novo sistema de produção, havia mais riqueza a ser distribuída. Menos pessoas passaram a morrer de fome, e mais pessoas passaram a ter acesso a itens básicos do dia a dia. Os números mostram isso de maneira incontestável: a Revolução Industrial foi o marco do início do fim da pobreza. Foi por causa dela que, pela primeira vez, a maior parte das pessoas na Europa – e, décadas depois, ao redor do planeta – superou o estado natural de miséria.

RENDA *PER CAPITA* ANTES E DEPOIS DA REVOLUÇÃO INDUSTRIAL

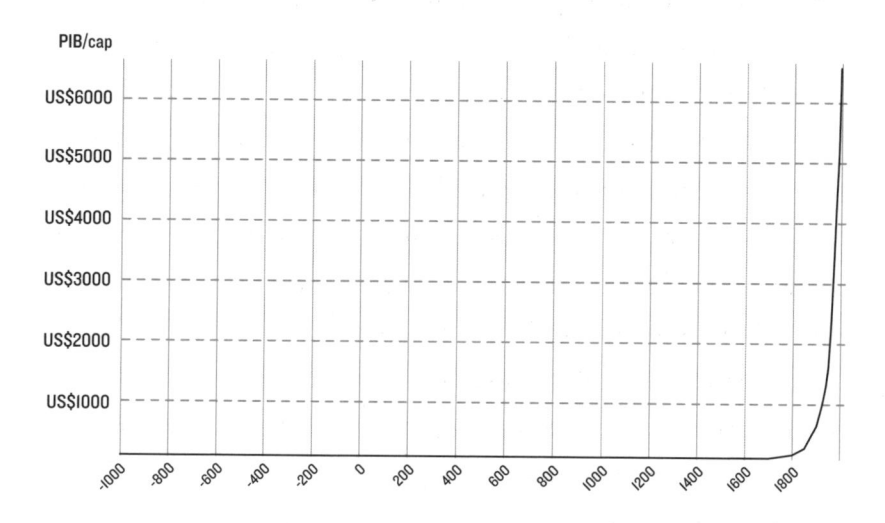

Fonte: J. Bradford De Long. *Estimates of World GDP, One Million B.C. – Present*. Berkeley: University of California, 1998. Disponível em: https://delong.typepad.com/print/20061012_LRWGDP.pdf. Acesso em: 22 maio 2021.

Como um país na periferia do mundo, o Brasil demorou a ter sua própria Revolução Industrial. A industrialização do país só ganhou corpo a partir dos anos 1950 e se concentrou sobretudo na região Sudeste. A migração de brasileiros da zona rural do Nordeste para São Paulo, portanto, repetiu, em certa medida, as migrações dos camponeses europeus nos séculos XVIII e XIX. Era um deslocamento das propriedades rurais para as áreas urbanas. Tanto em um caso como em outro, o emprego na indústria oferecia mais segurança financeira do que a agricultura familiar. Antes de existir Paraisópolis, já existiam outros bairros populares nos arredores das grandes cidades, onde subitamente surgiam centenas de milhares de postos de trabalho.

Hoje, o mundo e o Brasil vivem um período de prosperidade sem precedentes – e recessões como a de 2008 e a atual, causada pela pandemia, são apenas sobressaltos temporários nessa caminhada. Praticamente todos os brasileiros têm uma vida melhor do que a dos seus antepassados. Em 2008, uma pesquisa feita em Porto Alegre descobriu que a cidade tinha mais moradores de rua com sobrepeso (15%) do que com subnutrição (4%). No mundo ideal, não haveria moradores de rua – mas o fato de que nem mesmo os indigentes ficam sem se alimentar depõe a favor, e não contra o regime de produção capitalista. Indigentes sempre existiram. A novidade é que nunca foi tão fácil obter alimentos e outros itens básicos. Em 1988, 68% das casas brasileiras tinham geladeira. Em 2015, eram 98%.[37] Em 1992, somente um em cada quatro domicílios tinha máquina de lavar.[38] Em 2015, já eram 61%.[39] A parcela de casas com televisão passou de 74% para 97% no mesmo período.

A verdade é que, desde a Revolução Industrial, exceto por breves pausas causadas por guerras, a renda média das pessoas ao redor do globo planeta tem subido constantemente, em um ritmo inédito. Antes da Revolução Industrial, a riqueza estava associada à terra. Depois, a riqueza passou a ser algo móvel, dinâmico e que recompensa o mérito e a inventividade – embora não perfeitamente.

---

37. IBGE. *Pesquisa Nacional por Amostra de Domicílios 1981-1990*. Disponível em: https://seriesestatisticas.ibge.gov.br/series.aspx?no=6&op=0&vcodigo=PD237&t=domicilios-particulares-permanentes-posse-geladeira. Acesso em: 22 maio 2021.

38. IBGE, *Pesquisa Nacional por Amostra de Domicílios 1992/1999*. Disponível em: https://seriesestatisticas.ibge.gov.br/series.aspx?vcodigo=PD236&t=domicilios-particulares-permanentes-posse-maquina-lavar. Acesso em: 22 maio 2021.

39. IBGE. *Pesquisa Nacional por Amostra de Domicílio*. https://seriesestatisticas.ibge.gov.br/series.aspx?no=6&op=0&vcodigo=PD280&t=domicilios-particulares-permanentes-posse-maquina-lavar. Acesso em: 22 maio 2021.

O fator mais impressionante dessa revolução talvez seja o fato de que as pessoas ficavam mais ricas enquanto a população aumentava. Se a riqueza fosse um produto finito de soma zero, teria acontecido o contrário: com mais gente precisando da sua parcela de recursos, a média global cairia. Mas o que houve é que a revolução tecnológica também aumentou a produtividade da agricultura, que, com isso, afastou a ameaça de uma fome generalizada causada pelo crescimento da população mundial.

PRODUTIVIDADE MÉDIA DA AGRICULTURA POR HECTARE

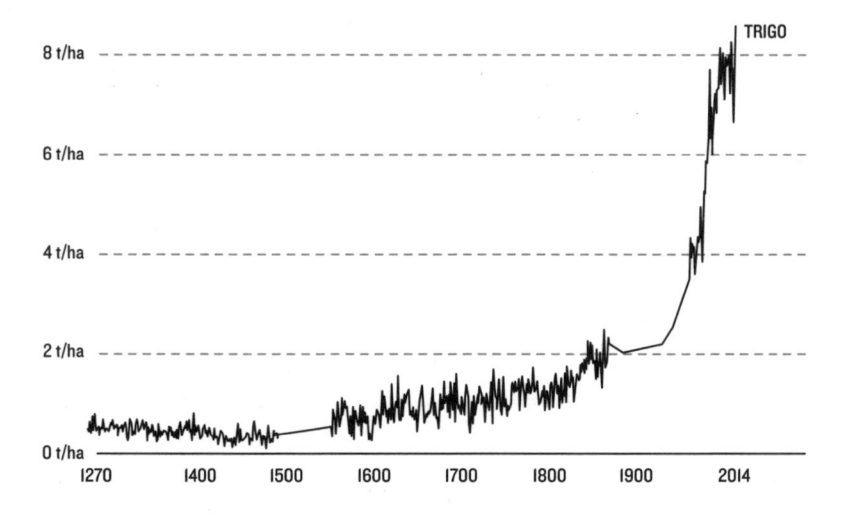

Fonte: Our World in Data. *Long-term cereal yields in the United Kingdom*. Disponível em: https://ourworldindata.org/grapher/long-term-cereal-yields-in-the-united-kingdom. Acesso em: 22 maio 2021.

A pobreza é o estado natural do homem porque, quando nascemos, não ganhamos de Deus ou da natureza uma conta poupança recheada. Algumas pessoas nascem em famílias mais ricas do que outras, mas isso não significa que as demais podem cobrar, como uma espécie de direito natural, que terceiros compartilhem sua propriedade com eles.

Mas, se não nos dá um cheque milionário, a natureza nos dá algo: um corpo capaz de lavrar a terra ou de exercer um trabalho que gere riqueza. Ela nos dá um cérebro altamente complexo e que tem capacidade de planejar o curto, o médio e o longo prazo. E nos dá um senso moral, sem o qual seríamos apenas macacos mais inteligentes.

Talvez seja por isso que, ao pregar o auxílio aos mais pobres, a Bíblia geralmente fale em órfãos e viúvas. Crianças desassistidas e mulheres (idosas, pressupõe-se) desamparadas precisavam de apoio. Mas o fenômeno da pessoa que, tendo capacidade física e mental para trabalhar, reivindica um direito à propriedade do outro é algo recente na história humana.

Outra verdade facilmente observável é a de que é impossível progredir economicamente sem cooperação. Toda forma de comércio é uma troca voluntária, e trocas exigem a participação de pelo menos duas pessoas.

O homem é livre e faz escolhas que tendem a melhorar sua condição. Em uma fábrica, o trabalhador dedica sua força de trabalho e horas do seu dia, o que é muito, mas ele pode pedir demissão a qualquer momento e, na pior das hipóteses, ficará com o saldo bancário zerado. Já o empreendedor, por causa da natureza arriscada do negócio, pode ganhar mais – mas pode perder muito mais. Mais de duas décadas antes de se tornar presidente dos Estados Unidos, o empresário Donald Trump passou por maus momentos: cheio de dívidas, ele uma vez apontou para um morador de rua na 5ª Avenida, em Nova York, e afirmou à sua filha Ivanka: "Aquele cara tem 8 bilhões de dólares a mais do que eu". De certa forma, ele estava certo.

Muitas pessoas, tendo a possibilidade de escolher, preferem a segurança à possibilidade de ficarem milionários (o sucesso de cursinhos preparatórios para concurso público é um sinal disso).

O empreendedor, portanto, tem mais a perder do que o empregado. Não que o empresário deva ser tratado como uma vítima: ele também fez sua escolha livremente e precisa estar disposto a arcar com as consequências dela. Mas é um engano querer socializar o lucro enquanto o prejuízo permanece individual. Uma sociedade em que essa distorção está presente sofrerá com a falta de empreendedores e, provavelmente, o excesso de pessoas querendo se tornar funcionários públicos.

Em sua passagem mais conhecida, a Declaração de Independência americana fala em direito à "busca pela felicidade", não à felicidade em si. Por natureza, temos a vida, a liberdade e o direito de agir livremente em busca de uma vida plena, o que começa com as necessidades materiais.

Também é importante lembrar que, na longa jornada da espécie humana da miséria para a prosperidade, existe um fator tão importante quanto o acúmulo material: o acúmulo de conhecimento.

Os nossos antepassados indígenas, apesar de terem ocupado o atual território brasileiro por milhares de anos, não se notabilizaram por um grande progresso material e intelectual. E boa parte da explicação está no fato de que eles não tinham um sistema de escrita. É possível que um indígena tenha inventado o motor a vapor, ou que um deles tenha desenvolvido ideias filosóficas tão sofisticadas quanto as de Platão. Sem o papel (ou algo que o valha), esses registros se perderam com o tempo, em uma espécie de telefone sem fio das gerações. A tradição oral é boa o suficiente para preservar ideias simples, como a melhor forma de se preparar uma tapioca, mas falha quando o que está em questão são questões mais complexas.

Todo o progresso científico depende do princípio de que, ao adentrar esse mundo, herdamos o conhecimento acumulado até aqui e podemos começar a trilhar o caminho dali em diante. O que foi descoberto não precisa ser redescoberto. A ciência experimental é uma espécie de conversa permanente – e universal, já que um cientista japonês pode fazer um achado com base nos estudos de um pesquisador colombiano, e um estudioso sul-africano pode complementar o trabalho de um canadense.

Este é mais um indicador de que o mundo nunca foi tão próspero, graças sobretudo à ação de indivíduos que, associando-se uns aos outros livremente e em busca de melhorar sua condição de vida, foram capazes de acumular não só bens materiais, mas conhecimento.

Isso não deve levar à conclusão de que o Estado é desnecessário. Pelo contrário: é essencial que ele exerça bem suas funções básicas. Nenhum fator foi mais importante no combate à pobreza do que a liberdade econômica, mas a liberdade econômica pressupõe um regime legal estável, garantias do direito à propriedade e ampla liberdade política. Tudo isso não existe sem o Estado. Acontece que, com muita frequência, políticos e burocratas ultrapassam suas atribuições e passam a querer ditar como os cidadãos devem viver suas vidas.

A experiência não deixa dúvidas sobre qual caminho é mais eficaz – e mais condizente com o potencial e os anseios dos seres humanos. Sabendo como chegamos até aqui, fica mais fácil saber como podemos prosseguir no caminho do progresso. Se a iniciativa privada, a inovação e a liberdade individual causaram a expansão da prosperidade ao redor do globo, por que imaginar que daqui por diante o caminho será diferente?

Aliás, é interessante notar como Karl Marx, o maior expoente do socialismo, só pôde defender suas ideias radicais em um regime capitalista. Ele acreditava que era preciso forçar os ricos a dividir sua riqueza com os pobres. Mais do que isso: era preciso tomar a propriedade dos ricos e entregá-la aos pobres. Só é possível socializar os meios de produção (basicamente, as fábricas), como pregava Marx, em países onde existem meios de produção. Não por acaso, Karl Marx vivia na Inglaterra, berço da revolução.

Mais adiante, no século XX, a ideia moderna de que o Estado deve suprir as necessidades básicas da população também se aproveitou do progresso gerado pela Revolução Industrial. Havia na Europa um acúmulo tão grande de bens que as pessoas começaram a ter ideias diferentes sobre o que fazer com eles. Para alguns, a resposta era implementar uma renda básica universal – um salário fixo para cada cidadão.

Mas o fato é que a prosperidade do capitalismo é tão grande que alguns países mais ricos já chegam perto do sonho jamais alcançado pelo comunismo: o de uma sociedade em que os produtos são gratuitos. Um motorista de ônibus americano recebe, em média, 18 dólares por hora de trabalho. Isso significa que ele precisa trabalhar apenas meia hora para comprar um quilo de carne bovina, dez minutos para comprar um galão com 3,1 litros de leite ou sete minutos para comprar um pacote de pão de forma. Se ele for em uma das muitas lojas que vendem produtos variados a 1 dólar, ele vai encontrar livros, brinquedos, utensílios para a cozinha, óculos de sol, fones de ouvido – cada um desses produtos vai lhe custar exatamente três minutos de trabalho.

Embora isso passe quase despercebido, o limiar da pobreza continua mudando, porque o mundo como um todo, inclusive o Brasil, tem ficado constantemente mais próspero.

Evidentemente, a pobreza não foi extinta, e ainda há milhões de pessoas vivendo em condições indignas. É desejável que cada vez mais indivíduos alcancem um padrão de vida elevado e que os bolsões de pobreza no Brasil e no globo sejam eliminados o quanto antes. O governo tem um papel a cumprir nesse esforço. Mas, para compreender como levar a prosperidade a essas pessoas, é fundamental compreender como a prosperidade chegou até nós: não fabricada pelas mãos do Estado, mas pelo progresso gerado pela liberdade econômica – que é simplesmente o exercício da curiosidade, da inventividade e do empreendedorismo presentes naturalmente em indivíduos da espécie humana. E, sim, o acúmulo de riquezas tem tudo a ver com isso.

O mundo nunca foi tão próspero. O Brasil nunca foi tão próspero. A pobreza brasileira mudou tanto de perfil que a maternidade Mãe Pobre há muito trocou de nome e se chama Mogi Mater. Mas minha certidão de nascimento continua a mesma, como um lembrete de que já vivemos tempos mais difíceis.■

Esta obra foi composta por Maquinaria Editorial na família tipográfica FreightText Pro e Knockout. Capa em Triplex 250g/m² – Miolo em Pólen 90g/m². Impresso pela gráfica Promove em setembro de 2021.